Dieter Koller
Laß dir diesen Psalm gefallen

DIETER KOLLER

Laß dir diesen Psalm gefallen

Christen beten
mit dem Alten Testament

CLAUDIUS VERLAG

CIP-Kurztitelaufnahme der Deutschen Bibliothek

Koller, Dieter:
Laß dir diesen Psalm gefallen: Christen beten
mit d. Alten Testament / Dieter Koller. –
1. Aufl. – München: Claudius-Verlag, 1986.
ISBN 3-532-62046-4

1. Auflage 1986

Titelbild: Johannes Wickert
Umschlaggestaltung: Werner Richter
Satz: Utesch Satztechnik GmbH, Hamburg
Druck: gwd Hans Venus GmbH, München

ISBN 3-532-62046-4

Übersicht

Vorwort zu den Psalmengebeten

Vor einigen Jahren fingen einige Nachbarn an, sich täglich um halb sieben Uhr abends zum persönlichen und politischen Abendgebet zu treffen. Ein wöchentlicher Psalm war von Anfang an unerläßlich, um unsere unterschiedlichen, ja gegensätzlichen Gefühle und Gedanken in die Leidenschaft der biblischen Sprache und ins Ganze des Gottesvolkes einzuordnen. Bald aber erklärten einige Jugendliche, mit den Psalmen, in welcher Übersetzung auch immer, nicht viel anfangen zu können. So entstand das Wagnis, Woche für Woche einen Psalm ins Heutige und damit auch ins Neutestamentliche frei zu übertragen. Dabei machten wir eine Entdeckung. Mancher Psalm hatte uns durch den häufigen Wechsel von Einzahl und Mehrzahl, von Klage und Lobpreis, von Gebetssprache und Gottesrede verwirrt. Durch die Verteilung der Abschnitte auf Einzelsprecher wurde jetzt die innere Dynamik eines Psalmes deutlicher; seine Gattung, sein Sitz im Leben und seine seelsorgerliche Dialektik wurden uns nun lebendig und verständlich. Natürlich kann man die Texte auch alleine lesen, beten, meditieren. In jedem Falle wollen sie die biblischen Psalmen nicht ersetzen, sondern erschließen.

Dieter Koller

Nach Psalm 1

Das Zöllnergebet eines Pharisäers

I.

Einer 1 Wohl dem, der nicht wandelt im Rat der Gottlosen.

Alle Gut steht es um den, der ohne Gott nicht leben kann.

E 2 Aber viele leben das Evangelium ohne Gott zu kennen
und viele nennen sich Christen,
ohne das Evangelium zu leben.

Alle Herr, erbarme dich.

II.

E 1 Wohl dem, der nicht tritt auf den Weg der Sünder.

Alle Gut steht es um den, der nicht jeden Weg mitgeht,
den die Menge geht.

E 2 Aber viele Christen passen sich dem Lauf der Welt an,
und viele Nichtchristen gehen den Weg Jesu.

Alle: Herr, erbarme dich.

III.

E 1 Wohl dem, der nicht sitzt, wo die Spötter sitzen.

Alle Gut steht es um den, der aufsteht,
wenn über Gott und die Welt gelästert wird.

E 2 Viele Christen äußern sich verächtlich über unsre Zeit
und viele Humanisten denken barmherzig.

Alle Herr, erbarme dich.

IV.

E 1 Wohl dem, der Lust hat am Gesetz des Herrn
und sinnt über seinem Gesetz Tag und Nacht.

E 2 Immer fragt er sich: Was würde Jesus jetzt tun?
Immer schaut er auf Fingerzeige des Herrn.
Immer hat er Lust, die Fußspuren Jesu zu suchen.
Immer horcht er auf den Christus im eigenen Herzen.
Immer sieht er Christus in den Gesichtern der Menschen.

Alle Der ist wie ein Baum, an Wasserbächen gepflanzt,
seine Wurzeln trinken in der Tiefe, seine Früchte
reifen in der Höhe, nicht zu früh und nicht zu spät.
Seine Blätter sind auch im Winter grün.
Alles, was er tut, geht gut aus.
Denn im Baumstamm des Kreuzes wartet der Frühling.

V.

E 1 Und wie geht es den Menschen, die bewußt sündigen?
Die keine Ehrfurcht vor dem Leben haben?

E 2 Haltlos sind sie wie Spreu im Wind.
In den Krisen des Lebens lernen sie nichts,
in keiner Gemeinschaft halten sie es aus.
Sie verlieren ihre Bedeutung.

Alle Herr Jesus, du kennst die Wege des Heils und bist auch
die Wege des Unheils gegangen und saßest bei Zöllnern
und Sündern, du bist gekommen zu suchen und zu retten,
was sich nur retten läßt.

E 1 Gut steht es um jeden, der seine Gottlosigkeit weiß.

Alle Herr, erbarme dich.

NACH PSALM 2 in Apostelgeschichte 4, 24–30

Gebet der Gemeinde

Alle Eins mit dem Lobpreis der Apostel
und einmütig in unsrer Bedrängnis
erheben wir unsre Stimme zu dir,
du Herr dieser und der kommenden Welt!

E 1 Herr, du hast Himmel und Erde und Meer gemacht
und alles, was darinnen ist.
Die ganze Natur und die ganze Geschichte sind Schauplatz
und Schauspiel deines alleinigen Wirkens.

E 2 Du hast auch auftreten lassen unsern Vater David
und hast durch den prophetischen Mund
dieses deines Knechtes
den heiligen Geist zu uns sprechen lassen:
„Wie sinnlos erregen sich die Völker.
Wie vergeblich planen die Nationen.
Die Machthaber der Erde machen Absprachen,
die Rüstung zu steigern, die Erde unter sich aufzuteilen
und die Völker zu unterjochen.
Die Großen verbünden sich
auf dem Rücken der Habenichtse
gegen Gott und gegen den Messias der Armen."

Alle Eins mit dem Lobpreis der Apostel
und einmütig in unsrer Bedrängnis
erheben wir unsre Stimme zu dir,
du Herr dieser und der kommenden Welt!

E 3 Ja, wahrhaftig, der Wahnsinn und Widerspruch steigert sich
in diesen unseren Jahren
gegen deinen heiligen Knecht Jesus und seine Bergpredigt,
die du aus seinem gesalbtem Munde hast ergehen lassen
zur Rettung des Menschen.

E 4 Ja, wahrhaftig, die Pilatusse und Herodesse,
die zerstrittenen Parteien in Israel, in den islamischen
und christlichen Völkern sind eins geworden,

mit den kommunistischen Völkern an der Selbstvernichtung
der Menschheit zu arbeiten,
die deine Hand und dein Rat
von vornherein ermöglicht hat,
damit sie geschehen kann und soll,
damit Auferstehung und Heil daraus werde
wie aus dem Kreuzestod deines Knechtes Jesus,
mit dem du die neue Menschheit begannst.

Alle Eins mit dem Lobpreis der Apostel
und einmütig in unsrer Bedrängnis
erheben wir unsre Stimme zu dir,
du Herr dieser und der kommenden Welt!

E 5 Und nun, Herr, siehe an all die Drohung
und Abschreckung,
all den Terror und all die Ausnützung
und gib deinen Knechten und Mägden
in der heiligen Kirche den Freimut,
dein Wort zu sagen und deinen wahren Willen kundzutun,

E 6 und strecke deine Hand aus,
daß Heilungen und Bewahrungen
und Zeichen und Wunder und geistliche Auferstehungen
und Bekehrungen geschehen
durch den Namen deines heiligen Knechtes Jesus

E 7 und erneuere deine ganze arme reiche gespaltene
und nur in dir geeinte Kirche,
daß sie ihre Stimme wieder erhebt in Eindeutigkeit
und wie aus *einem* Munde spricht,

E 8 und nimm auch uns hier und diesen Ort mit hinein
in den Umbruch deines Reiches
und rühre jeden einzelnen von uns an
mit deiner ausgestreckten Hand,
die das Innerste des Menschen und das Äußerste der Welt
richtet und wandelt durch Christus unsern Herrn.

Alle Eins mit dem Lobpreis der Apostel
und einmütig in unsrer Bedrängnis
erheben wir unsre Stimme zu dir,
du Herr dieser und der kommenden Welt!

Nach Psalm 3

Hilferuf in böser Zeit

E 1 Ach Herr
ich habe so viele Probleme
ich bin in Bedrängnis von innen und außen.
Die Zukunft macht mir Sorge.

Alle Beim Herrn erlebt man Befreiung.
Sein Segen komme über dich und das ganze Volk Gottes.

E 2 Oft frage ich mich:
Wird Gott wirklich helfen?
Muß man nicht die Folgen seiner Fehler voll erleiden?
Ist nicht doch der schwache Spruch der Starken wahr:
„Hilf dir selbst, dann hilft dir Gott"?

E 3 Nein Herr,
du bist von vornherein mein Schutzschild,
du bist meine Ehre, meine Rettung,
du hilfst mir den Kopf hoch zu heben,
du richtest mich so, daß du mich aufrichtest.
Laut rufe ich: Jesus, Herr, hilf mir!

Alle Beim Herrn erlebt man Befreiung.
Sein Segen komme über dich und das ganze Volk Gottes.

E 4 Mein Rufen ist zu dir gekommen.
Meine Probleme sind in deine heilige Herzmitte eingegangen.
Jetzt lege ich mich nieder und schlafe ein
ohne Grübeln, ohne Tabletten;
ich wache immer wieder auf und spüre:
Der Herr ist um mich.
Ich fürchte nicht viele tausend Fragen, Pflichten und Sorgen,
die mein Herz belagern, um es zu erobern.
Denn der Herr ist mein Schutz.

Alle Beim Herrn erlebt man Befreiung.
Sein Segen komme über dich und das ganze Volk Gottes.

E 5 Ja Herr, fang an, meine Befreiung zu erkämpfen.
Du schlägst den Tyrannen auf's Maul
und brichst dem Bösen die Zähne aus.
Du verwandelst die alten Systeme
und stiftest neue Anfänge.

Alle Beim Herrn erlebt man Befreiung.
Sein Segen komme über dich und das ganze Volk Gottes.

Nach Psalm 8

Maßstäbe der Anbetung

Alle Du unser Herr, du du du Jahve, der du bist wie du bist,
unbegreiflich und treu.

I.
Du unser Herr, dein Name hat Gewicht in allen Landen.
Er strahlt in allen Dingen.
Alles trägt deine heimliche Signatur.
Du unser Herr, dein Name ist bekannt
in der Stratosphäre, Jonosphäre, Eyosphäre.
Die ganze Erdatmosphäre bis zu 1000 Kilometer Höhe
und erst recht der freie Weltraum
bis in Milliarden von Lichtjahren
sind erfüllt vom Abglanz deiner Herrlichkeit.
Die ganze Wissenschaft muß dich verherrlichen,
ob sie es will oder nicht.

Alle Du unser Herr, du du du Jahve, der du bist wie du bist,
unbegreiflich und treu.

II.
Du unser Herr, du liebst am meisten die kleinen Kinder.
Aus Kindermund läßt du deine Wahrheiten kommen.
Der Urschrei der Neugeborenen ist dein liebster Lobpreis.
Mit dem Geschrei der Säuglinge verjagst du deine Feinde.
Die ganze Männerwelt wird hilflos.
Da hilft dem Herodes auch nicht
sein kindermordendes Schwert.
Die Gegner Jesu werden entlarvt
durch den Hosiannagesang der Kinder im Tempel
und durch das Kyrie ihrer abgetriebenen Geschwister.
So baust du dein Reich, das Reich des Leidens und der Liebe
mit den Mitteln der Machtlosen, mit der Kraft des Kreuzes.

Alle Du unser Herr, du du du Jahve, der du bist wie du bist,
unbegreiflich und treu.

III.
Wenn ich das Firmament ansehe,
das Sternenspiel deiner Finger,
den nahen Mond und die fernen Sonnensysteme,
die Milchstraße und andre Spiralnebel –
da staune ich, daß ich ein Mensch bin,
ein Menschenkind, das du kennst und das dich kennt.
Ich wundere mich, daß du an mich denkst,
als sei ich dein einziges Kind,
daß du mich umarmst, als gäbe es sonst nichts auf der Welt
außer dir und mir.

Alle Du unser Herr, du du du Jahve, der du bist wie du bist,
unbegreiflich und treu.

IV.
Du hast uns Menschen sehr hoch gestellt,
zu Geist- und Lichtwesen hast du uns gemacht,
mit fast göttlichen Möglichkeiten.
Tief sind wir mit Luzifer gestürzt
und hoch mit Jesus zum Himmel erhoben.
Du hast uns zu Herren und Hütern über alles Lebendige
gemacht.
Wir waren Freunde für Schafe und Rinder,
Mustangs und Wasserbüffel, Rehe und Hasen
und für die lieben Schimpansen –
und sind ihnen zum Todfeind geworden.

Alle Du unser Herr, du du du Jahve, der du bist wie du bist,
unbegreiflich und treu.

V.
Ach und die Fülle der Fisch- und Vogelarten
schwindet stetig dahin unter unserem giftigen Atem.
Wir opfern Hekatomben für unser Wohl –
und du läßt es zu.
Der Fortschritt hat uns weggeführt von dir,
der Quelle des Lebens.
Ach daß unsre Grenzen so weit gezogen sind!
Das wäre unsre größte Herrschertat:
uns selbst zu beherrschen,

uns selbst zu beschränken.
Wie herrlich ist es, uns selbst
mit allem, was wir sind und haben,
unter die sanften Füße des gekreuzigten Jesus zu bringen
und zu weinen vor Freude.

Alle Du unser Herr, du du du Jahve, der du bist wie du bist,
unbegreiflich und treu.

Nach Psalm 19

Ein Raum- und Zeit-Hymnus

I.

Alle Die Himmel rühmen die Herrlichkeit Gottes.
Vom Werk seiner Hände spricht das Firmament.

Ein Tag sagts dem andern weiter.
Eine Nacht gibt Kunde der anderen.
Nicht mit Menschenworten, nicht mit Reden.
Unhörbar ist ihre Botschaft dem äußeren Ohr.
Das innere aber vernimmt die Hymnen der Nacht.
In aller Welt sprechen Gottes Naturgesetze
eine klare Sprache.
Rund um den Erdball ahnen die Menschen:
die Schöpfung ist ein Echo des Schöpferworts.

II.

Alle Die Himmel rühmen die Herrlichkeit Gottes.
Vom Werk seiner Hände spricht das Firmament.

Er hat die Morgendämmerung wie ein Zelt gewoben.
Die Sonne tritt daraus hervor
wie ein glücklicher Mann nach der Hochzeitsnacht.
Die Erde dreht sich seit Millionen Jahren
und wärmt sich in der Strahlung.
Ein glühendes Abendrot entzückt unser Herz.
Ein Jahr lang reisen wir um den Sonnenball.
Jeder Tag, jedes Jahr bringt uns der Wiederkunft Jesu näher.

III.

Alle Die Himmel rühmen die Herrlichkeit Gottes.
Vom Werk seiner Hände spricht das Firmament.

Bis zum jüngsten Tag, dem Tag der letzten Erdumdrehung
leben wir im Gesetz des Herrn.
Sein Gesetz ist gut und tut der Seele wohl.
Wir pflanzen unser Apfelbäumchen,
weil der Herr es befohlen hat.

Wir planen in der Treue des Herrn,
als ob wir 100 Jahre zu leben hätten.
Wir können den heutigen Tag genießen,
als wäre es unser letzter.
Das Wort des Herrn öffnet uns die Augen
für die Geheimnisse der Natur und der Geschichte.
Unser Leben ist geprägt von den Gedanken des Herrn,
wir wissen nicht wie.

IV.

Alle Die Himmel rühmen die Herrlichkeit Gottes.
Vom Werk seiner Hände spricht das Firmament.

Ich lasse mich gerne warnen,
denn nichts mehr ist selbstverständlich.
Jeden Abend will ich mir sagen:
der Tag hat sich trotz allem gelohnt.
Ich merke nicht, wie viele Fehler ich tagsüber mache.
Herr, verzeihe mir alles,
was in meinem Unbewußten vor sich geht.
Laß die Sonne deines Heiligen Geistes
täglich in mir aufgehen.
Deine Lebensgesetze sollen mich beherrschen.
Bitte laß nicht Menschen über mich herrschen.
Laß dir diesen Psalm gefallen, meine Gedanken über dich,
meine Selbstgespräche, du Erlöser meines Herzens.

Nach Psalm 22

Kar-Zeiten

Einzelner Seid mit eurem Lebensstil auf das bedacht,
was auch in Jesus Christus sichtbar wurde:

Alle der seine göttlichen Privilegien nicht festhielt,
sondern sich ihrer entledigte,
in die unterste Schicht eintrat,
lebte wie jeder Mensch,
gehorsam bis zum Tode, zum Tod am Folterkreuz.
Darum hat ihn Gott erhoben,
ihm eine Bedeutung über alle Namen gegeben;
alle himmlischen, irdischen und höllischen Mächte
sollen sich vor ihm beugen,
jeder Mund bekennen:
Herr ist Jesus Christus!
Gott dem Vater zum Preis. (Philipper 2, 5–11)

E 1 Mein Gott, mein Gott, warum hast du mich verlassen?
Ich bete Tag und Nacht – ich bekomme keine Antwort.
Ich bete Jahr um Jahr – es scheint sich nichts zu ändern.

E 2 Ich lese in der Bibel – was gab es da für Wunder.
Ich lese im Leben der Heiligen – was für Erweckungen!
Meine Zeit aber ist wie tot, mein Land wie taub.
Ich selber bin wie ein Wurm.

E 3 Ich muß im Fernsehen mit ansehen – aber es geht mir nah,
wie die Miliz den Campesino an die Wand stellt,
wie die weiße Polizei dem Schwarzen in den Bauch tritt,
wie der Firmenhubschrauber die Indios beschießt.
Das alles spottet meinem Glauben an deine Liebe.

E 4 Ich werde überfallen von der reizenden Werbung.
Scheinschöne Frauen preisen mir teuere Nichtigkeiten an.
Ihre Reinigungsmittel schädigen Haut und Grundwasser.
Ich werde erschlagen von fünftausend Watt Power-Musik.
Ich kann mich nicht mehr unterhalten.

E 5 Ich bin gezwungen, Auto zu fahren
und die Luft zu verpesten.
Ich bin schuldig und komme da nicht raus.

E 6 Ich lese die Statistik der Abtreibungen.
Die Dunkelziffer geht mir unter die Haut,
als wollte man mich selbst zerstückeln.
Ich sehne mich nach Zärtlichkeit, aber man weicht aus
vor den inneren Wunden,
die mir mein betrunkener Vater schlug.

E 7 Meine Kräfte schwinden, die Luft geht mir aus.
Die Resignation greift mir an den Hals.
Ich schreie im Traum wie in der Psychiatrie.
Ich lasse mich im Pflegeheim chemisch beruhigen.

E 8 Ich bin arbeitslos
und darf den Atommeiler mit Handschuhen reinigen.
Die Angst vor der Verstrahlung macht mich magenkrank.

E 9 Ich bin Asylant und werde abgeschoben.
Ich hocke mich auf den Baum, aber sie holzen den Wald ab.
Ich lege mich vors Stacheldrahttor,
aber sie stellen ihre Raketen auf.

E 10 Sie zerteilen mein Leben und verhökern es wie ein Gewand.
Herr, rette doch mein Leben vor den Hunden,
hilf mir vor den Bullen.

E 11 Eines Tages aber wird ein neues Volk aufstehen.
Dann werden wir uns erzählen, was wir erlebt haben
und wie du jeden einzelnen von uns errettet hast.
Eines Tages wird die verlorene Sache deines Reiches siegen.
In zahllosen Versammlungen wird man dich preisen.
In allen Völkern werden sie sich zu deinem guten Namen
umwenden.

E 12 Und die in der Erde schlafen,
werden in deinem Licht erwachen.
Noch ist dies Volk nicht geboren. Aber es wird kommen.
Denn dein ist das Reich und die Kraft und die Herrlichkeit
in Ewigkeit.

Einzelner Seid mit eurem Lebensstil auf das bedacht,
was auch in Jesus Christus sichtbar wurde:

Alle der seine göttlichen Privilegien nicht festhielt,
sondern sich ihrer entledigte,
in die unterste Schicht eintrat,
lebte wie jeder Mensch,
gehorsam bis zum Tode, zum Tod am Folterkreuz.
Darum hat ihn Gott erhoben,
ihm eine Bedeutung über alle Namen gegeben;
alle himmlischen, irdischen und höllischen Mächte
sollen sich vor ihm beugen,
jeder Mund bekennen:
Herr ist Jesus Christus!
Gott dem Vater zum Preis. (Philipper 2, 5–11)

NACH PSALM 23

Im Dialog

E 1 Es mangelt mir an Kraft und Zeit.
Mir fehlt Geduld und Liebe.

E 2 Du wirst bekommen,
soviel du jeweils brauchst.

Alle Der Herr ist mein Hirte. Mir wird nichts mangeln.

E 1 Ich bin eingeengt in meine Sicherheiten und Sachzwänge.
Ich lebe in überlebten Denkbahnen.

E 2 Du darfst unmittelbar leben von Gottes Hand
in deinen Mund,
von Gottes Mund in dein Ohr.

Alle Er weidet mich auf einer grünen Aue
und führet mich zum frischen Wasser.

E 1 Immer unterwegs – das ist anstrengend.
Werde ich je zur Ruhe kommen, je genug Schlaf finden?

E 2 Unser Gott ist kein Treiber und kein Hetzer,
kein strenges Über-Ich, kein ewiger Mahner.

Alle Er erquicket meine Seele. Er führet mich auf rechter Straße
um seines Namens willen.

E 1 Ob die Richtung noch stimmt? Alles wird komplizierter.
Mit den Pflichten wachsen die Depressionen.
Undurchschaubar und unlösbar werden unsre Probleme.

E 2 Sieh hier die Fußspuren Jesu.
Genau da ist er durchgegangen mit seinem Kreuz.

Alle Und ob ich schon wanderte im finsteren Tal
fürchte ich kein Unglück, denn du bist bei mir,
dein Stecken und Stab trösten mich.

E 1 Ich ahne, daß der Herr vorausgeht und nachgeht
und in mir geht.

Dennoch bin ich umgeben von Sünden und ihren Folgen,
von meinen Fehlern und meinem Todesschatten.

E 2 Warte, bis deine Augen sich ans Dunkel gewöhnen,
dann siehst du eine offene Tür.

Alle Du bereitest mir einen Tisch im Angesicht meiner Feinde.
Du salbest mein Haupt mit Öl und schenkst mir voll ein.

E 1 Ich bin überrascht. Ich bin gesalbt mit Gottes Geist.
Ich trinke reichlich aus dem gekelterten Leben Jesu.

E 2 Dieses Fest ist dir schon bereitet, ehe du es wußtest.
Und was du jetzt feierst
in der Gemeinschaft von Brüdern und Schwestern,
sind nur Anfänge einer Vollendung ohne Ende.

Alle Gutes und Barmherzigkeit
werden mir folgen mein Leben lang
und ich werde bleiben im Hause des Herrn immerdar.

Nach Psalm 24

Auf geistlicher Weltreise

Bekenntnis der Wallfahrer:

Alle Dem Herrn gehört die Erde und ihre Fülle,
das Land und alles, was lebt.
Denn er ist es, der sie im Weltall gebildet,
zur Fahrt um die Sonne bestimmt,
als Ort seines Reiches erwählt hat.

I. Zu Gott kommen

Einlaß Suchende Wer darf kommen in die Nähe des Herrn?
Wer darf eintreten in seine Gegenwart?

Torhüter Wer leere Hände hat und ein ehrliches Herz.
Wer den Bruder sucht und nicht sich selbst.
Wer sich sehnt nach Wahrheit und Recht.
Wer weiß, daß er nichts weiß.
Der wird den Segen des Herrn empfangen.
Er wird aufgenommen vom Gott seines Heiles.
Ihr gehört zu den Menschen, die nach Gott fragen,
die das Antlitz des Gottes Jakobs suchen.

II. Das Kommen Gottes

Einlaß Suchende Tut euch auf, ihr Pforten,
werdet größer, ihr uralten Tore des menschlichen Geistes,
daß der Herr aller Ehren einziehe!

Torhüter Wer ist der Herr aller Ehren?

Einlaß Suchende Es ist der Herr Jesus, mächtig im Streit,
der gekreuzigte Richter und Retter der Welt,
er ist der Herr aller Ehren.

Tut euch auf, ihr Pforten,
werdet größer, ihr uralten Tore der christlichen Kirche,
daß der Herr der Welt einziehe!

Torhüter Wer ist der Herr der Welt?

Einlaß Suchende Es ist der heilige Geist des Herrn Jesus,
er ist der Herr aller Herren.

Bekenntnis der Wallfahrer:

Alle Dem Herrn gehört die Erde und ihre Fülle,
das Land und alles, was lebt.
Denn er ist es, der sie im Weltall gebildet,
zur Fahrt um die Sonne bestimmt,
als Ort seines Reiches erwählt hat.

Nach Psalm 25 (I)

Okuli – Meine Augen

Alle Meine Augen schauen stets auf den Herrn,
denn er befreit meine Füße aus der Verstrickung.

E 1 Zeige mir Herr, deine Wege!
Meine Wege kann ich getrost vergessen!

E 2 Lehre mich deine Pfade!
Ein Lehrpfad sind deine Führungen.

E 3 Du bist ein zuverlässiger Bergführer.
Du lehrst mich Aufstiege und Abstiege.

E 4 Vergiß meine früheren Eigenmächtigkeiten
und fang mit mir noch einmal an!

Alle Meine Augen schauen stets auf den Herrn,
denn er befreit meine Füße aus der Verstrickung.

E 1 Die sich verrannt haben,
denen begegnet der Herr und zeigt ihnen den Weg.

E 2 Die zugeben, daß sie nicht weiter wissen,
die leitet er nach seinem Plan.

E 3 Die keine Pläne mehr schmieden,
die erfahren seine Wege.

E 4 Die Spuren des Herrn sind Huld und Treue,
untrüglich denen, die seinen Willen tun wollen.

E 5 Unsre Irrtümer benützt er für seine guten Absichten,
auch unsre Verführungen müssen seiner Führung dienen.

Alle Meine Augen schauen stets auf den Herrn,
denn er befreit meine Füße aus der Verstrickung.

E 1 Wer weiß schon, welchen Weg man wählen soll?
Nur, wer Gott über alle Dinge fürchtet, liebt und vertraut.

E 2 Der wird wohnen im Glück,
seine Kinder werden das Land besitzen.

E 3 Wir werden Vertraute und Freunde des Herrn.
Er weiht uns ein in seine Beschlüsse.

E 4 Wir können viele Fehler machen –
er macht Gutes für uns draus.

Alle Meine Augen schauen stets auf den Herrn,
denn er befreit meine Füße aus der Verstrickung.

E 1 Herr Jesus, löse die Angst meines Herzens,
aus der Bedrängnis führe mich heraus.

E 2 Sieh meine Not und Plage,
vergib mir meine Sünden.

E 3 Gestalte mein Leben und heile mich,
laß mich nicht versinken.

E 4 Ich bin mir mein eigner Verderber,
Du aber bist mein Erretter!

Alle Meine Augen schauen stets auf den Herrn,
denn er befreit meine Füße aus der Verstrickung.

Nach Psalm 25 (II)

Lied der Bedürftigkeit

E 1 Wieder bin ich eine Tagesreise weit gewandert.

Alle Nach dir, Herr, verlangt mich!

E 1 Der Weg zu dir ist lang und steil
und geht durch Feindesland.
Werde ich durchkommen?
Ich bin schon einen langen Weg mit dir gegangen
und immer noch verlangt mich nach dir,
als wärest du weit weg.
Je länger, desto mehr verlangt mich nach dir.
Früher unbewußt, jetzt immer bewußter
verlangt mich nach dir.
Von dir weht mir Freiheit entgegen,
von dir leuchtet mir Klarheit entgegen,
bei dir ist die Quelle meiner Reinigung.

Alle Nach dir, Herr, verlangt mich!

E 2 Meine Feinde treten mir in den Weg.
Sachzwänge halten mich fest,
meine Verführbarkeit lenkt mich ab.
Meine Kritiker verwirren mich.
Laß mich den Folgen meiner Fehler entfliehen.
Laß mich meine falsche Prägung verlieren.
Laß mich die Weichenstellung meiner Jugendzeit
korrigieren.
Zeige mir neue Wege.
Entfalte meine verschütteten Möglichkeiten.
Denn du bist reich an Phantasie und Liebe und Geduld
und Güte und Barmherzigkeit und Treue.

Alle Nach dir, Herr, verlangt mich!

E 3 Ich bin einsam.
Die Angst meines Herzens ist groß.
Führe mich aus meinen Nöten.

Laß mich nicht scheitern.
Zeige mir, wie es weitergehen soll mit mir,
mit der Kirche, mit der Welt.
Sage mir, was meine kleine Rolle ist
im großen Zeitgeschehen.
Reiße meine Füße aus dem Fangnetz der Sinnlosigkeit,
in das ich mich verstrickt habe.

Alle Nach dir, Herr, verlangt mich!

E 4 Ich denke, so wie mir geht es vielen.
Viele Versprengte sind unterwegs.
Von allen Seiten suchen sie den Weg.
Auf dem Boden deines Reiches werden wir uns finden.
Brannte nicht unser Herz,
als der Fremde mit uns redete auf dem Weg?
Keiner wird zuschanden, der ihn zum Freund hat.
Zuschanden werden die leichtfertigen Verächter.

Alle Nach dir, Herr, verlangt mich!

Nach Psalm 27

Exaudi – Herr, höre!

Herr, höre mein lautes Rufen!
Gib mir Antworten auf meine Fragen.
Du hast doch selbst gesagt: Sucht mein Angesicht.
Darum suche ich jetzt dein Angesicht, deine Nähe,
deine Klarheit.
Ich suche das Gespräch mit dir.

Verbirg dich nicht,
zeige dich, wende dich mir zu,
sprich mit mir, berate mich,
inspiriere mich,
ich habe hundert Fragen,
ich muß mich entscheiden,
sonst geht mein Leben daneben.

Du hast mir doch immer geholfen!
Laß mich nicht im Stich,
laß mich nicht allein mit meinen Problemen,
Gott, meine Rettung!
Gib mir von den Gaben des heiligen Geistes,
den Geist der Weisheit und des Verstandes.

Wenn ich Menschen frage,
bekomme ich auf eine Frage zehn verschiedene Antworten.
Wenn ich mich frage,
finde ich mich gespalten.
Wenn ich Vater und Mutter frage,
so verstehen sie mich nicht,
die Erfahrungen der Alten helfen mir nicht weiter.

Du Herr verstehst mich!
Herr, zeige mir den richtigen Weg.
Leite mich an, die richtigen Entscheidungen zu treffen,
in Alltagsfragen, in Zukunftsfragen,
in politischen Fragen, in Glaubensfragen.

Meine geheimen Verführer müssen sich entlarven.
Meine falschen Informanten müssen verstummen.
Meine Ratlosigkeit ist bereit für ein Pfingsten.
So bin ich gewiß, daß ich deine Güte erleben werde, Herr,
im Land der neuen Zukunft, im Land der Lebendigen!

NACH PSALM 31

Eine Vertrauensübung

Alle In deine Hände, Herr, lege ich meinen Geist.

inzelner Ich verbinde mich jetzt mit den vielen Menschen
in Lebensangst.

E 1 Erbarm dich, mein Herr, denn ich bin in Angst.
E 2 Mit ungelösten Problemen gehen meine Jahre dahin.
E 3 Meine Kräfte reichen nicht mehr aus.
E 1 Meine Freunde verstehen mich nicht wirklich.
E 2 Man redet über mich hinter meinem Rücken.
E 3 Man geht mir freundlich aus dem Weg.
E 1 Ich werde eigentlich immer einsamer,
E 2 viele meiner Beziehungen sterben ab.
E 3 Wenigstens die Beziehung zu dir, Herr, soll nicht verdorren.

Alle In deine Hände, Herr, lege ich meinen Geist.

Paulus Ihr habt nicht einen Geist der Knechtschaft empfangen,
daß ihr immer wieder von neuem Angst haben müßt!
Sondern ihr habt den Geist der Gotteskindschaft empfangen.

inzelner Ich verbinde mich jetzt mit dem Gott meines Vertrauens.

E 1 Mein Vater, ich suche Zuflucht bei dir.
E 2 Laß mich nicht scheitern.
E 3 Ergreife für mich Partei und rette mich.
E 1 Schenk mir dein Gehör und erlöse mich bald.
E 2 Ich steige zu dir hinauf wie zu einem Felsen.
E 3 Ich trete in dich ein wie in eine Burg.
E 1 Du wirst mich befreien aus dem Netz,
in das ich mich verstrickte.
E 2 In deine Hände lege ich voll Vertrauen meinen Geist.
E 3 Du hast mich frei gemacht, mein Vater, du treuer Gott.
E 1 Ich freue mich an deiner Zuneigung zu mir.
E 2 Du läßt mich nicht in die Hand des Feindes sinken.
E 3 Du hast meinen Lebensraum geweitet.

Paulus Ihr habt den Geist der Gotteskindschaft empfangen,
durch welchen wir rufen: Abba! Lieber Vater!

Nach Psalm 32

Beichterfahrungen

Alle Glücklich sind alle, denen vergeben ist,
was sie Verkehrtes getan haben.
Glücklich sind alle, die sich nicht selbst betrügen,
die sich über ihre Fehler im Klaren sind,
und denen der Herr nichts mehr zur Last legt.

E 1 Erst wollte ich meine Schuld verschweigen.
Ich machte mir vor, es sei alles nicht so schlimm,
ich sei eigentlich ganz in Ordnung.

Aber etwas in mir blieb unruhig.
Etwas in mir seufzte,
etwas in mir sehnte sich nach Klarheit und Freiheit.

Herr, es muß deine Hand gewesen sein,
die lag schwer auf mir
und machte mich niedergeschlagen, freudlos und lustlos.

Da machte ich mich auf
und machte mir meine Lage klar,
ich verbarg nichts vor dir.
Ich suchte mir einen Menschen zur Aussprache.
Ich sagte mir: ich will dem Herrn bekennen, wer ich bin.

Erst jetzt merkte ich, daß du mir meine Schuld
schon längst vergeben hattest.

Alle Darum sollen alle Aufrichtigen zu dir beten
zur Zeit der Angst.
Du wirst uns aus der Angst befreien,
daß wir als Befreite voll Freude und Dank
dich loben können.

E 2 Gott spricht: Ja, ich unterweise dich
und zeige dir den Weg, den du gehen sollst.
Ich will dich mit meinen Augen leiten.

E 3 Der verkehrte Mensch, der seine Wahrheit verdrängt,
leidet viele Schmerzen.
Doch wer sich dem Herrn rückhaltlos anvertraut,
den wird die Güte umfangen.

Alle Freut euch im Herrn und seid fröhlich
alle, die ihr das aufrichtige Gespräch sucht!

Nach Psalm 33

Lobpreis – ein Labsal fürs Leben

Alle Wir singen und spielen dem Herrn ein neues Lied,
ein schönes und fröhliches Lied in finsteren Zeiten.

Denn das Wort des Herrn ist wahrhaftig.
Was er zugesagt hat, das hält er.
Er hat zugesagt, mit Jesus einen neuen Himmel und eine neue Erde zu schaffen.
Siehe, es beginnt mitten unter euch.
Er hat den Himmel durch sein Wort geschaffen,
das Sternenheer durch den Hauch seines Mundes,
die fernsten Spiralnebel durch den Atem seiner Liebe.
Sein Wille hält die Wassermassen der Ozeane zusammen
wie in einem Gefäß.
Grundwasser und Regenwolken
kommen aus seinen Vorratskammern.
Alle Welt müßte still stehen und staunen,
müßte ehrfürchtig umgehen mit Gottes Schätzen,
müßte Scheu haben, sich an seinem Eigentum zu vergreifen.
Alles Lebendige verdankt sich ihm.
Wenn er spricht, so geschieht's,
wenn er gebietet, so steht's da.
So war es, so ist es, so wird es sein.

Alle Wir singen und spielen dem Herrn ein neues Lied,
ein schönes und fröhliches Lied in finsteren Zeiten.

Der Herr schaut auf unser Tun.
Er hat den Überblick über alle Menschenkinder,
über alles, was wir tun und treiben.
Er lenkt ihnen allen das Herz.
Unbewußt muß alles seinen Plänen dienen.
Einem Machthaber hilft nicht seine große Macht.
Einem Heerführer hilft nicht sein großes Heer.
Die ganze geistlose Rüstung nützt ihnen am Ende nichts.
Panzerwagen können nicht helfen.
Da wäre man betrogen.

Ihre große Feuerkraft errettet nicht
im Kampf zwischen Geist und Ungeist.
Gottes Auge hat besonders Acht auf die Ohnmächtigen,
auf die Menschen des Geistes.
Der Herr ist es, der vom Tode errettet und am Leben erhält.
Darum hofft unsere Seele auf den Herrn.
Er ist uns Hilfe und Schutzschild.
Unser Herz freut sich über ihn
und wir trauen auf seinen heiligen Namen.
Was hätten wir noch für Hoffnungen
ohne das Wissen um sein unzerstörbares Reich!
Von deiner Güte und Treue, Herr,
wollen wir uns trösten und heilen und segnen lassen.

Alle Wir singen und spielen dem Herrn ein neues Lied,
ein schönes und fröhliches Lied in finsteren Zeiten.

Nach Psalm 34

Erfahrungen zum Weitergeben

I. Ein Aufruf zum Lobpreis
Ich will den Herrn loben allezeit.
Das Jesuslob soll immerdar in meinem Herzen sein.
Mein Wesen verherrliche den Herrn,
daß es die Elenden merken und sich mitfreuen.
Helft mir, den Herrn zu verherrlichen,
seinen Namen groß zu machen,
das gibt uns Anteil an seiner Größe.

II. Ein Zeugnis
Mir ist es so ergangen:
Ich war in den Nebel geraten, war ohne Orientierung.
Ich suchte den Herrn.
Er gab Antwort.
Er rettete mich aus meinen Ängsten.
Ich sage euch: haltet Ausschau nach ihm,
bis eure Gesichter strahlen vom Abglanz der Freude.
Ich kenne einen, der saß in der Falle.
Da rief er,
und der Herr hörte
und befreite ihn aus seinen Ängsten.

III. Eine Erfahrung
Der Engel des Herrn stellt sich ein bei jedem,
der zum Herrn hofft,
und hilft ihm heraus.
Spürt ihr nicht die unsichtbare Welt um euch?
Erwachen eure Sinne nicht?
Schmeckt und seht, wie fühlbar nahe
die Freundschaft des Herrn ist.
Die Selbstherrlichen erschöpfen sich rasch.
Aber die Heiligen kennen keinen Mangel.
Sie leben von der anderen Welt,
die ist unerschöpflich.

IV. Worte der Weisheit

Hört mir gut zu,
ich will euch meine Erfahrungen weitergeben.
Wer liebt das Leben? Wer möchte gute Tage sehen?
Deine negativen Gedanken verderben alles,
deine kritische Zunge betrügt dich.
Hör auf damit und mache Frieden mit dir selbst.
Gottes Augen ruhen auf den Stillen.
Seine Ohren hören ihre stummen Gebete.
Die Selbstgerechten scheitern.
Die Ungerechtfertigten finden Hilfe.
Der Herr nimmt Wohnung in zerbrochenen Herzen.
Er tut Wunder durch ein zerschlagenes Gemüt.
Wer für eine gute Sache eintritt,
muß Leid erfahren.
Doch er wird daran nicht zerbrechen.
Der Herr tritt für seine Mitarbeiter ein,
wenn sie versagt haben;
er macht sie frei, wenn sie schuldig geworden sind.

Nach Psalm 36

Hoffnungsvolles für Gottlose

Alle Bei dir, Herr, sind wir an der Quelle des Lebens
und in deinem Licht sehen wir das Licht selbst.

E 1 Die Frage nach Gott ist in vielen Herzen verstummt.
Der Wille zum Guten ist erstorben.
Sie sind fest entschlossen, nur noch ihren Trieben zu folgen.
Sünder sind sie und Opfer der Sünde zugleich.
Sie liegen im Bett und können nicht schlafen.
Das Böse treibt sie um.
Und doch leben sie von Gott, ohne es zu wissen.
Gott läßt ihnen ihren Willen und ebenet ihre Wege,
damit sie scheitern und ihre Schuld sehen.
Erst wenn sie sich noch mehr kaputt gemacht haben,
werden sie nach dem Heil fragen.
Vielleicht aber auch nicht.
Mir ist bange, Herr, wenn ich sehe, wie hoch du pokerst,
wie weit sich Menschen von dir entfernen dürfen.

Alle Bei dir, Herr, sind wir an der Quelle des Lebens
und in deinem Licht sehen wir das Licht selbst.

E 2 Herr deine Güte reicht, so weit der Himmel ist
und deine Treue, so weit die Wolken ziehen.
Deine Gerechtigkeit steht wie die Berge
und dein Gericht ist tief wie die Sint-Flut.
Menschen und Tieren bist du Arche und Hilfe.
Wie teuer, Herr, ist deine Güte,
daß Menschenkinder unter dem Schatten deiner Schwingen
Zuflucht haben.
Sie werden satt von den reichen Gütern deines Hauses.
Du tränkst sie mit Wonne wie mit einem Strom.

Alle Bei dir, Herr, sind wir an der Quelle des Lebens
und in deinem Licht sehen wir das Licht selbst.

E 3 Wahre denen, die dich kennen, deine Güte,
den aufrichtigen Herzen dein Recht.

Laß mich nicht unter den Fuß der Ausbeuter geraten.
Die Hand der Eigenmächtigen soll mich nicht vertreiben.
Schon wanken die Befürworter der Gewalt.
Sie werden stürzen und nicht wieder aufstehn.
Erst wer untergegangen ist,
kann die Gnade des Ursprungs finden.

Alle Bei dir, Herr, sind wir an der Quelle des Lebens
und in deinem Licht sehen wir das Licht selbst.

Nach Psalm 42/43

So betet Christus in mir am Kreuz unserer Zeit

Alle Was trauerst du meine Seele
und bist so unruhig in mir?
Warte auf Gott,
ja, ich werde ihm noch danken,
ihm, meinem Befreier,
nach dem ich Ausschau halte.

E 1 Wie der Hirsch lechzt am leeren Wasserbett,
so schreit es in mir, Gott, zu dir.
Ich habe Durst nach Gott, nach dem lebendigen Gott.
Wann werd ich so weit kommen,
daß ich Gott selbst erfahre?

E 2 Das ganze Essen schmeckt mir nicht mehr.
Ich verzehre mich in Tränen.
Alles fragt mich: Wo ist nun dein Gott?
Was hast du jetzt von deinem Glauben?

E 3 Das Herz geht mir über, wenn ich daran denke,
wie schön es ist,
mit vielen Freunden gemeinsam Feste zu feiern
im Hause Gottes.

Alle Was trauerst du meine Seele
und bist so unruhig in mir?
Warte auf Gott,
ja, ich werde ihm noch danken,
ihm, meinem Befreier,
nach dem ich Ausschau halte.

E 1 Meine Seele ist betrübt.
Darum denke ich an dich, Gott,
hier in der Entfernung von dir,
hier in der Entfremdung von mir,
in der Verbannung, wo keiner mein Leiden kennt.

E 2 Wogen der Angst gehen über mich.
Eine Welle nach der anderen rollt heran.

Inmitten der Angriffe greifst du gnädig nach mir.
Mitten in der Nacht fange ich zu singen an
und bespreche mich mit dir, dem Gott meines Lebens.

E 3 Ich sage: Hast du mich vergessen?
Wann kann ich die Trauer ablegen?
Viele Menschen verstehen mich nicht.
Viele lehnen mich ab.

Alle Was trauerst du meine Seele
und bist so unruhig in mir?
Warte auf Gott,
ja, ich werde ihm noch danken,
ihm, meinem Befreier,
nach dem ich Ausschau halte.

E 1 Gott, schaffe mir Recht,
führe meine Sache gegen die Mehrheit
der Andersdenkenden,
die nur müde lächeln und sagen: Was ist Wahrheit?
Du bist meine Stärke.
Dein Alleinsein ist deine Stärke.
Mein Alleinsein ist meine Stärke.
Du und ich – wir sind ein Bündnis.

E 2 Sende dein Licht und deine Wahrheit,
daß sie mich leiten,
daß sie mich führen auf den Berg der Seligpreisungen,
wo ich inmitten der Menge der Leidenden
Ausblick habe auf dein kommendes Reich.

E 3 Wo ich in der Verbrüderung der Armen und Armseligen
hinüberschreite in die Zukunft
bis zum Tisch der Freude,
wo wir das Lebensbrot miteinander teilen
bei Musik, Tanz und Gesprächen.

Alle Was trauerst du meine Seele
und bist so unruhig in mir?
Warte auf Gott,
ja, ich werde ihm noch danken,
ihm, meinem Befreier,
nach dem ich Ausschau halte.

Nach Psalm 46

Bekenntnis zum Reformator von Kirche und Welt

E 1 Wir haben einen Sicherheitsschirm,
der ist nicht von dieser Welt.
Gott ist unsere Rettung in den Katastrophen.
Darum fürchten wir uns nicht,
auch wenn die Erde wankt und Berge ins Meer taumeln,
wenn Wassermassen tosen und brausen,
Berge bersten, Atome schmelzen.

Alle Der Herr aller Gewalten ist für uns.
Der Herr Jesus Christus ist bei uns.
Der Heilige Geist ist in uns.

E 2 Wir werden merken,
daß wir uns in der Gottesstadt befinden.
Wir werden durchströmt vom Wasser eines heilenden Stromes.
Wir wohnen in der Nachbarschaft der Heiligen.
Der höchste Gott selbst teilt mit uns sein Leben.
Er wohnt in jedem und zwischen allen.
Darum ist hier gesicherter Friede.
Die Völker erheben sich gegen ihre Machthaber
und alle Machtblöcke wanken.
Gott erhebt seine Stimme
und die irdischen Gewalten müssen vergehen.

Alle Der Herr aller Gewalten ist für uns.
Der Herr Jesus Christus ist bei uns.
Der Heilige Geist ist in uns.

E 3 Kommt und schaut hinter die Kulissen der Geschichte.
Seht, was der Herr bewirkt.
Wie er Entsetzen auf der Erde verbreitet,
Krieg in aller Welt beendet,
Bogen zerbricht, Spieße zerschlägt
und Wagen im Feuer verbrennt.

Das Material verglüht,
Menschen aber, Freund wie Feind, werden erlöst.
Laßt ab, haltet inne, werdet stille
und ihr werdet erkennen, daß ich Gott bin,
ich, Befreier und Versöhner aller Völker der Erde.

Alle Der Herr aller Gewalten ist für uns.
Der Herr Jesus Christus ist bei uns.
Der Heilige Geist ist in uns.

Nach Psalm 51

Jeder Tag kann ein Bußtag sein

E 1 Gott, ich bin verschuldet. Mein Konto bei dir ist belastet.
Ich komme zu dir mit der Bitte: tilge meine Schulden.
Ich wende mich an deine große Barmherzigkeit.
Ich weiß keinen anderen Ausweg.

E 2 Gott, ich bin wie ein gestürztes Kind.
Ich bin schmutzig, meine Kleider sind zerrissen.
Wasche mich wie eine Mutter.
Reinige meine Seele.

E 3 Gott, ich habe ein zerschlagenes Gemüt.
Das schmerzt wie zerschlagene Knochen.
Heile mich mit deiner Freude,
damit ich wieder lachen kann.

E 4 Gott, mein zweispältiges Herz taugt nicht für die Liebe.
Schaffe in mir ein neues, ein lauteres Herz.
Gib mir einen anderen, einen beständigen Geist.

E 5 Gott, ich möchte Zugang haben vor dein Angesicht.
Lehne mich nicht ab, wenn ich komme,
sondern statte mich schon im Vorhof aus
mit einem Geist, der dem deinen entspricht.

E 6 Gott, ich weiß, wie es um mich steht.
Meine Sünde brennt in meinem Bewußtsein.
Ich habe mich an dir versündigt von Anfang an.
Ich bin schon als Verkehrter auf die Welt gekommen.

E 7 Diese Einsicht stammt von dir, nicht von mir.
Sie entschuldigt mich nicht, sie macht mich wahrhaftig.
Ich gebe dir in allen Dingen recht.
Und mir vor dir in allem Unrecht.

Alle „Ich will ihnen ein anderes Herz geben
und einen neuen Geist in sie geben
und will das steinerne Herz wegnehmen aus ihrem Leibe

und ihnen ein fleischernes Herz geben“,
spricht Gott der Herr. (Hesekiel 11)

E 8 Gott, durch meine Sünden habe ich viel gelernt.
Ich habe mich kennen gelernt und meine Verlorenheit.
Ich habe dich kennen gelernt und deine rettende Hand.

E 9 Ich kann mich nicht mehr über andre Sünder erheben.
Ich bin einer von ihnen.
Aber ich will ihnen erzählen, was ich bei dir gelernt habe.
Vielleicht kann ich sie vor dein Angesicht führen.

E 10 Tue meine Lippen auf,
daß mein Mund glaubwürdig
von deiner Güte sprechen kann.
Vielleicht geht es nur,
wenn es mir angst und bang ist ums Herz.
Ich will diesen Preis zahlen.

Alle „Ich will ihnen ein anderes Herz geben
und einen neuen Geist in sie geben
und will das steinerne Herz wegnehmen aus ihrem Leibe
und ihnen ein fleischernes Herz geben“,
spricht Gott der Herr.

Nach Psalm 66

Jubilate

Jubelt über Gott, alle Länder!
Freue dich, ganze Erde, an der Treue Gottes!

Jubelschreie, nicht Klagerufe,
Jauchzer, nicht Flüche
werden am Ende von der Erde aufsteigen.

Ihr Länder der Erde, sprecht schon jetzt zu Gott:
Wunderbar, zum Staunen sind deine Werke!

Geliebt bist du Afrika,
die Schönheit deiner Menschen
soll mit Freiheit gepaart werden.

Geliebt bist du Europa,
der Herr will deine sündige Geschichte vergessen.

Geliebt bist du Amerika,
deine Gottesfurcht soll wieder erwachen.

Geliebt bist du Rußland,
deine Selbstzerstörung wird dir nicht gelingen.

Geliebt bist du Südamerika,
deine offenen Adern sollen heilen.

Geliebt bist du China,
deine Größe liegt in deiner Weisheit.

Geliebt bist du Israel,
Gott will dich zum Modell des Völkerfriedens machen.

Alle Welt bete dich an, Herr,
und singe einen Lobgesang auf deinen Namen.

Deine Augen prüfen die Völker.
Die Gewalttätigen können sich gegen dich nicht erheben.

Gott, du hast auch uns geprüft und geläutert,
wie das Silber im Feuer geläutert wird.

Du hast Menschen über unser Haupt kommen lassen,
wir sind in Feuer und Wasser geraten.

Du hast das Meer in trockenes Land verwandelt,
man konnte zu Fuß hindurchgehen.
Darum freuen wir uns über dich.

Wenn ich über das Heutige seufze,
will ich über das Morgige jauchzen.

Wenn ich über gestern jammere,
will ich über heute jubeln.

Wenn mir einer die Erde verflucht,
will ich sie selig preisen
um Jesu Christi willen. Amen.

Nach Psalm 68

Zur Einübung in die Auferstehung

E 1 Gott steht auf –
und seine Feinde fliehen,
verfliegen wie Rauch im Wind,
zerschmelzen wie Wachs im Feuer.
Die härtesten Strukturen lösen sich auf.

E 2 Gott steht auf –
meine Freunde sammeln sich,
sie freuen sich in heller Freude,
sie atmen tief auf.
Es gibt herrschaftsfreie Räume.

E 3 Gott steht auf –
ein Vater der Waisen,
ein Anwalt der Witwen,
er bringt Einsame in Geborgenheit,
er führt Gefangene hinaus ins Glück.

E 4 Gott steht auf –
er bricht seinem Volk die Bahn,
er schreitet voran durch die Wüste.
Die Erde bebt, das Unerschütterliche läßt sich erschüttern.
Der Himmel wird flüssig, das Unerklärliche
läßt sich erklären.

E 5 Gott steht auf –
Vom Sinai strömt es,
Wasser des Lebens für dürres Land.
Vom Golgata fließt es,
Weisungen und Verheißungen für die ratlose Welt.

E 6 Jesus steht auf –
er entsendet sein Wort,
Scharen von Freudenbotinnen!
Potentaten entweichen,
Hausfrauen verteilen die Beute.

Mitten im grauen Alltag schimmert es
wie von silbernen Schwingen der Taube,
von grüngoldenen Flügeln.

E 7 Der Geist des Herrn fährt daher –
viel tausend mal tausend Wagen.
Himmlische Heere besetzen die Erde,
befreien die Völker.

E 8 Jesus steigt auf –
er führt gefangene Machthaber mit sich,
befreit Diktatoren von sich selbst,
auch Empörer leisten ihm Tribut,
bis sie gerne bei ihm wohnen.

E 9 Christus steht da.
Alles bringt ihm Geschenke.
Es gibt keine Teufel mehr unter den Menschen.
Man hört auf, sich gegenseitig zu verteufeln.

Alle Was für eine Wirkung, wenn Gott aufsteht.
Gott ist aufgestanden in der Auferstehung Jesu Christi.
Was für eine Wirkung, wenn Christen aufstehen.
Laßt uns aufstehen kraft der Auferstehung Jesu Christi.
Amen.

Nach Psalm 70

Hilferufe

E 1 Komm schnell, mein Gott,
mich zu befreien.
Herr, eile mir zu Hilfe!

E 2 Zuschanden werden sollen alle Mächte und Menschen,
die mein Leben zerstören wollen,
die meinen Lebensraum einengen,
die meine Lebensrechte beschneiden,
die meine Menschenwürde mißachten,
die mir die Luft zum Atmen nehmen,
die mich nicht sein lassen, wie ich bin.

E 3 Zurückweichen sollen sie,
die über mich lachen oder lächeln,
abtreten sollen sie, die über mich urteilen und sagen:
„Du bist selbst schuld an deinem Unglück,
dir geschieht recht!"

E 4 Die dein Heil lieben,
dein Reich der Gerechtigkeit ersehnen,
sollen unentwegt sagen:
„Groß ist Gott der Herr! Groß ist Christus der Herr!"

E 5 Ich aber bin arm und niedergeschlagen,
unfähig zur Selbstbefreiung.
Eile mir zu Hilfe, mein Gott!
Meine Hilfe und mein Befreier bist du!
Herr, komm, bevor es zu spät ist!

Alle Amen, ja, komme bald Herr Jesus!

Nach Psalm 73

Trost im Groll

Alle *Dennoch* ist Gott Israels Trost,
Trost für alle, die auf falschen Trost verzichten.

E 1 Ich aber – fast hätte es mich aus der Bahn geworfen,
als ich sah, daß es den Gottlosen so gut geht.
Sie machen, was sie wollen und haben ein schönes Leben.
Sie können genießen ohne Reue.
Sie plagt nicht, was unsereinen plagt.
Sie nehmen nicht Rücksicht auf Umwelt und Nachwelt.
Wir sind von ihnen abhängig und können es nicht ändern.
Sie können reden und bekommen Beifall,
alles hängt an ihrem Mund. Was sie sagen, das gilt.
Sie hauen auf den Tisch und alles bewundert ihren Witz.
Sie lassen Gott einen guten Mann sein
und gehen zu ihrer Tagesordnung über.
Sie sitzen überall am Drücker
und lassen ihre Beziehungen spielen.
Sie sitzen in allen Etagen der Gesellschaft,
vom Stammtisch bis zum Ministerium,
in der Planung und in der Werbung,
in der Schule wie in der Kirche.

Alle *Dennoch* ist Gott Israels Trost,
Trost für alle, die auf falschen Trost verzichten.

E 2 Soll es denn umsonst sein, daß ich gewissenhaft blieb?
Mir bleibt meine tägliche Plage
und ich bin jeden Morgen neu gestraft.
Schon manchmal habe ich mir gedacht:
Jetzt steige ich aus dem Glauben aus
und mache es wie die andern.
Aber dann hätte ich
die gute Sache der Kinder Gottes verraten.
So grübelte ich weiter, ob ich etwas begreifen würde,
aber es war mir zu schwer.

Alle *Dennoch* ist Gott Israels Trost,
Trost für alle, die auf falschen Trost verzichten.

E 3 Erst als ich wieder einmal ins Gotteshaus ging
und mich von der Heiligen Schrift inspirieren ließ,
bekam ich einen Durchblick
und sah plötzlich das Ende aller Dinge:
Wie sind sie denn so schnell zunichte geworden,
die Türmebauer und Wortedreher?
Was haben sie denn erreicht,
die großen Macher und Drahtzieher?
Ihre Zeit ist vorbei –
wie ein Traum sich auflöst beim Erwachen.
Was war ich für ein Narr, daß ich Nichtwisser
mich so narren ließ,
statt vom Ende her zu denken!

Alle *Dennoch* ist Gott Israels Trost,
Trost für alle, die auf falschen Trost verzichten.

E 4 *Dennoch* bleibe ich stets an dir,
denn du hältst mich bei meiner rechten Hand,
du leitest mich nach deinem Rat
und nimmst mich am Ende mit Ehren an.
Wenn ich nur dich habe,
so frage ich nichts nach Himmel und Erde.
Wenn mir gleich Leib und Seele verschmachtet,
so bist du doch, Gott, allezeit
meines Herzens Trost und mein Anteil.
Wenn ich mein Leben vom Ende her denke,
ahne ich eine überraschende Vollendung
und ich ernte die Frucht des Wortes Jesu:
„Es ist vollbracht!"
So ist es meine Freude, daß ich mich zu Gott halte
und setze meine Zuversicht auf Christus den Herrn
und mache mir sein verborgenes Wirken klar
und tue es den andern kund.

Nach Psalm 76

Ein Friedensshokker

Alle Großen Frieden haben, die dein Gesetz lieben,
sie werden nicht straucheln. (Ps. 119)

E 1 Der Herr ist in Juda bekannt, in Israel ist sein Name groß.
In Salem entstand sein Zelt, seine Wohnstätte auf dem Zion.
Dort zerbricht er die Brandpfeile des Bogens,
Schild, Schwert und Kriegsgerät.

Alle Großen Frieden haben, die dein Gesetz lieben,
sie werden nicht straucheln. (Ps. 119)

E 2 Umlichtet bist du, herrlicher als die ewigen Berge.
Entwaffnet sind die Militaristen,
sie versinken in Schlaf,
ihre Argumente werden immer schwächer,
allen Soldaten versagen die Hände,
in allen Völkern wacht das Gewissen auf.
Du bedrohst Roß und Reiter, da sind sie wie betäubt.
Die Panzerwagen versinken im Schlamm,
die Bomber können im Nebel nicht starten,
die Elektronik der Raketen versagt,
der Gehorsam der Untergebenen hört auf,
die Befehle der Vorgesetzten verhallen im Leeren,
der Knopfdruck findet nicht statt.

Alle Großen Frieden haben, die dein Gesetz lieben,
sie werden nicht straucheln. (Ps. 119)

E 3 Denn keiner fürchtet sich mehr vor dem andern,
alle fürchten sich vor dir.
Vor der Macht deines Zorns kann keiner bestehen,
der Gewalt deiner Liebe kann keiner widerstehen,
die Gottesherrschaft kommt und macht uns den Prozeß,
die Erde erschrickt und alles wird still.
Denn der Herr erhebt sich zur Urteilsverkündung,
den Elenden der Erde will er helfen.

Sie, die für alles zahlen mußten
mit Steuern und Hunger, mit Blut und Leben,
sie finden im Herrn ihren Befreier.

Alle Großen Frieden haben, die dein Gesetz lieben,
sie werden nicht straucheln. (Ps. 119)

E 4 Der grimmige Osten muß deiner Verherrlichung dienen,
der verblendete Westen muß dich feiern.
Schließt Verträge mit Gott und haltet sie!
Löst die Machtblöcke auf, verbrüdert euch im Herrn,
baut die Feindbilder ab,
ergebt euch dem gewaltigen Gott,
der den Wahnsinn der Mächtigen beendet,
der die Großen der Erde mit seinem Frieden schockiert.
Das alles fängt an bei uns in Gottes Volk,
es liegt im Programm des Namens Jesus.

Alle Großen Frieden haben, die dein Gesetz lieben,
sie werden nicht straucheln. (Ps. 119)

Nach Psalm 84

Auf dem Weg zur Kirche

Alle In deinen Toren werd ich stehen, du freie Stadt Jerusalem.
In deinen Toren kann ich atmen, erwacht mein Lied.

E 1 Wie lieb sind mir deine Wohnungen, Herr der Fülle!
Ich ahne den Tempel Jerusalems in meiner Kirche.
Ich weiß, Jesus hat mir dort einen Platz geschaffen
im Herzen des Vaters.
Meine Leib und Seele freuen sich dir entgegen,
du lebendiger Gott.
An deinem Altar, am Königstisch,
sind wir fröhlich wie Spatzen nach der Winterszeit,
glücklich wie von weit zurückgekehrte Schwalben.

Alle In deinen Toren werd ich stehen, du freie Stadt Jerusalem.
In deinen Toren kann ich atmen, erwacht mein Lied.

E 2 Glücklich, die schon bei dir zu Hause sind,
die dir schon singen Tag um Tag.
Glücklich wir, die wir noch unterwegs sind,
denen du täglich neue Kraft gibst.
Von überall her ziehen sie durch's dürre Tal des Alltags,
da läßt Gott ihnen Quellen entspringen.
In der Wüste der Woche gießt er den Geist aus,
daß es blüht wie ein Garten.
Sie wandern mit wachsender Kraft, bis sie Gott finden
auf der Höhe des Sonntags.

Alle In deinen Toren werd ich stehen, du freie Stadt Jerusalem.
In deinen Toren kann ich atmen, erwacht mein Lied.

E 3 Herr, ein Tag im Vorhof bei dir
ist besser als tausend Tage daheim.
Lieber das immer gleiche Altarbild betrachten
als vor dem immer flimmernden Bildschirm sitzen.
Besser ist es, an der Schwelle der Kirche stehen
als gemütlich wohnen in Häusern,
die der Egoismus gebaut hat.

Besser ist es, in der Gemeinde leben und in die Welt gehen
als in der Welt leben und zur Kirche gehen.
Denn Gott der Herr ist uns Sonne und Schild.
Die Freundlichkeit Jesu strahlt uns an.
Noch unterwegs sind wir schon wie am Ziel.
O Herr, mein Gott, glücklich der Mensch,
der nichts so sehr braucht wie dich,
der sich findet in dir und dich in sich.

Alle In deinen Toren werd ich stehen, du freie Stadt Jerusalem.
In deinen Toren kann ich atmen, erwacht mein Lied.

Nach Psalm 91

Zurüstung zum Beginn der Fasten

vangelist Jesus wurde vom Geist in die Wüste geführt,
um vom Teufel versucht zu werden.
Und nachdem er 40 Tage und 40 Nächte gefastet hatte,
überfiel ihn der Hunger.

Alle Wer unter dem Schirm des Höchsten wohnt
und unter dem Schatten des Allmächtigen ruht,
der spricht zu ihm: meine Zuflucht, meine Burg,
mein Gott, dem ich vertraue.

E 1 Denn er rettet dich aus der Falle des Jägers,
aus Gefährdung und Verstrickung,
daß du dich nicht verhedderst und verzettelst.

E 2 Du hast Deckung unter seinen Schwingen,
Zuflucht unter seinen Armen,
Sicherheit in seiner Verantwortung.

E 3 Du mußt nicht erschrecken
vor der Aussichtslosigkeit der Nacht,
vor den Pfeilen des Tages,
vor der Vergiftung des Unterbewußtseins,
vor der Verführbarkeit des Denkens,
vor der Bestechlichkeit deiner Logik,
der Süchtigkeit deines Wesens.

Evangelist Denn Jesus spricht: Der Mensch lebt nicht vom Brot allein,
sondern von jedem Wort, das aus dem Munde Gottes geht.

Alle Wer unter dem Schirm des Höchsten wohnt
und unter dem Schatten des Allmächtigen ruht,
der spricht zu ihm: meine Zuflucht, meine Burg,
mein Gott, dem ich vertraue.

E 1 Auch wenn Zehntausende einen andern Weg gehen
und die ganze Gesellschaft blind ist,
so wirst du doch nicht fallen.

E 2 Denn er hat seine Boten ausgesandt,
daß sie dich behüten auf allen deinen Wegen,
daß sie dich bei allen Entscheidungen auf Händen tragen
und du über keinem Problem umfällst,
daß du sofort wieder aufstehen kannst,
wenn du gestürzt bist.

E 3 Über Löwen und Schlangen wirst du schreiten.
Übermächtige Strukturen und tausend Kleinigkeiten
werden dich nicht kaputt machen.
Große und kleine Drachen wirst du niedertreten
und aus einem kleinen Sieg zwei große entstehen lassen.

Evangelist Denn Jesus spricht: Fort mit dir, Satan!
Es steht geschrieben:
Du sollst Gott deinen Herrn lieben und ihm allein vertrauen.
Damals ließ der Teufel von ihm ab und siehe,
die Engel traten zu ihm und bedienten ihn.

Alle Wer unter dem Schirm des Höchsten wohnt
und unter dem Schatten des Allmächtigen ruht,
der spricht zu ihm: meine Zuflucht, meine Burg,
mein Gott, dem ich vertraue.

Evangelist Hört das Wort des Lebens,
das aus dem Herzen Gottes kommt:
Er liebt mich?
Er liebt mich nicht?
Er liebt mich!
Darum will ich ihn erretten.
Er kennt mich?
Er kennt mich nicht?
Er kennt mich!
Darum will ich ihn schützen.
Er rief mich?
Er rief mich nicht?
Er ruft mich!
Darum will ich ihn erhören.
Ich schicke ihm meinen Geist in seine Not.
Ich will selber bei ihm sein in seinen Versuchungen.
Ich will ihn herausreißen

und ihm eine Bedeutung geben.
Ich will ihn zu einem Halt für viele machen.
Ich will ihn sättigen mit erfülltem Leben
Ich will ihm zeigen seinen Heiland.

Nach Psalm 97

Zukunftsmusik in der Zeit der Epiphanie

Einzelner Wir vergegenwärtigen uns jetzt
das Kommen des Gottesreiches.

Alle Der Herr ist König geworden.
Jesus Christus hat die Regierung übernommen.

E Noch wissen es die meisten nicht.
Die Erde könnte sich freuen.
Die fernsten Inseln sollten es erfahren.
Wir sehen nur Wolken und dunkle Horizonte,
Schatten des Kreuzes.
Die Geheimregierung des Herrn wirkt im Untergrund.
Aber seine Regierung steht fest.
Menschenrechte und Sündenvergebung sind ihr Fundament.

Alle Der Herr ist König geworden.
Jesus Christus hat die Regierung übernommen.

E Darum läuft Feuer vor ihm her
und verzehrt seine Feinde.
Seine Blitze erhellen immer wieder die Nacht der Welt.
Eine Großmacht nach der andern wankt.
Ein Machthaber nach dem andern stürzt.
Die Machtblöcke schmelzen wie Wachs –
vor Jesus, dem Herrn der ganzen Erde.
Die Gewalt seiner Liebe zeigt sich in allen Völkern.

Alle Der Herr ist König geworden.
Jesus Christus hat die Regierung übernommen.

E Zuschanden werden die Ideologen, die Bilderdiener,
die immer neuen Personenkult betreiben.
Alle Stars sinken vor ihm in den Staub;
alle Großkonzerne, alle Multis: jeder „-ismus"
wird zuschanden,
selbst der Zionismus.
Vom Zionsberg aus sieht man es und freut sich.

Auf Golgata begann das letzte Gericht.
Judas Töchter und Jesu Jünger werden froh.
Der Mensch Jesus steht höher als alle Götter.

Alle Der Herr ist König geworden.
Jesus Christus hat die Regierung übernommen.

E Die ihr den Herrn liebt, habt keine Bedenken,
das Böse zu hassen.
Der Herr wahrt die Reinheit eures Lebens.
Aus der Gewissensnot wird er euch befreien.
Die Saat des Lichtes wird bald aufgehen.
Wer einfachen und geraden Herzens ist,
wird ernten in Freude.
Freut euch im Herrn und feiert seinen Namen.
In allen Bedrängnissen und Enttäuschungen
vergegenwärtigt euch dies:

Alle Der Herr ist König geworden.
Jesus Christus hat die Regierung übernommen.

Nach Psalm 98

Ein Lied voll Hoffnung

Alle Singt dem Herrn ein neues, ein neues, ein neues, neues Lied
ja singt dem Herrn, singt dem Herrn, singt dem Herrn
im neuen Geist
denn er hat ein Wunder, ein neues Wunder getan!

E 1 Seine Hand greift schöpferisch ein,
sein heiliger Arm schafft Unheil beiseit.
Alle können es sehen.
Er führt sein Volk unmögliche Wege.
Er macht es möglich,
durchs Wasser zu gehen,
er schafft uns den Durchzug durch das Verderben,
den neuen Auszug aus dem Gericht.
Er bleibt seinem untreuen Volk treu.
Die Welt bekommt eine Ahnung:
Da ist ein Gott, da gibts eine Rettung,
da kündet ein Sinn.

Alle Singt dem Herrn ein neues, ein neues, ein neues, neues Lied
ja singt dem Herrn, singt dem Herrn, singt dem Herrn
im neuen Geist
denn er hat ein Wunder, ein neues Wunder getan!

E 2 Singt dem Herrn, spielt dem Herrn,
lebt dem Herrn, lebt spielerisch,
spielt mit Stimmbändern und Tonbändern,
mit Saitenspiel und Laienspiel,
schlagt neue Seiten an,
zieht neue Seiten auf,
schlagt die Augenlider auf,
singt dem König in die Augen,
dem Judenkönig Jesus,
dem Armenkönig Jesus.

Alle Singt dem Herrn ein neues, ein neues, ein neues, neues Lied
ja singt dem Herrn, singt dem Herrn, singt dem Herrn

im neuen Geist
denn er hat ein Wunder, ein neues Wunder getan!

E 3 Die verschmutzten Meere wogen ihm entgegen
die vergifteten Ströme fließen ihm entgegen –
ein brausender Applaus.
Die sterbenden Bergwälder strecken sich ihm entgegen
zum letzten und immergrünen Ostern.
Denn er kommt, er kommt, endlich ist er im Kommen,
der gute, der rechtmäßige Herr der Welt,
ein Gerechter und Helfer, sanft und stark.
Er richtet die Welt,
er schafft Gerechtigkeit auf Erden,
er versöhnt die Völker,
er versöhnt euch mit dem Leben.

Alle Singt dem Herrn ein neues, ein neues, ein neues, neues Lied
ja singt dem Herrn, singt dem Herrn, singt dem Herrn
im neuen Geist
denn er hat ein Wunder, ein neues Wunder getan!

NACH PSALM 100 (I)

Einladung zum Gottesdienst

I.

Einer lädt ein

Aufruf ist ergangen an alle Länder,
sich zum Gotteslob zu vereinen.
Auch ihr seid jetzt eingeladen,
an der Freude Gottes teilzuhaben.

Ein andrer gibt es weiter

Begebt euch in seine Nähe!
Um ihn ist Jubel.
Kommt vor sein Antlitz mit Freimut!
Seine Gegenwart wird euch
nicht bedrücken, sondern erleichtern.

Ein Dritter bestärkt

Erkennt das Wichtigste:
Gott ist wie Jesus!
Trennt euch von euren veralteten Gottesbildern!

Alle

Der Herr hat uns im Ursprung geschaffen.
Wir erinnern uns: wir sind sein.
Wir ruhen in ihm, nicht in uns selbst.
Wir erkennen uns als sein Volk –
Herde seiner Weide.
Wir haben es gut.

II.

Der Erste lädt ein

Tretet ein durch die Tore der Anbetung!
Laßt Geschwätz und Minderwertigkeitsgefühle,
Zweifel und Vorwürfe zurück.
In seiner Hoheitszone werdet ihr verwandelt
zu Priestern und Königen.

Der Zweite bestärkt

Steht zum Herrn, steht zu euch selbst!
Zeigt ruhig eure Schwächen,
kommt so, wie ihr seid!
Er nimmt euch auf!

Der Dritte begründet

Denn gut ist der Herr, absolut treu!
Unerschöpflich ist seine Zuwendung.
Von einer Generation zur andern!
Ihr steht schon auf ewigem Grund!

Alle antworten

Der Herr hat uns im Ursprung geschaffen.
Wir erinnern uns: wir sind sein.
Wir ruhen in ihm, nicht in uns selbst.
Wir erkennen uns als sein Volk –
Herde seiner Weide.
Wir haben es gut.

Nach Psalm 100 (II)

Noch einmal mit Zwischen-reden

Alle Jauchzet dem Herrn, alle Welt!
Dient dem Herrn mit Freude!
Kommt vor sein Antlitz mit Jubel!

E 1 Du heutige Welt, kannst du noch jauchzen –
mit dem Strick um den Hals, dem selbstgewählten –
kannst du noch jubeln, wo du das meiste verjubelt hast?
Kannst du dienen mit Freude,
wo du dich vielen traurigen Herren dienstbar gemacht hast,
finstere Geister gerufen hast, die wirst du nun nicht los?
Kannst du vor Gottes Antlitz kommen,
wo du selbst dein Gesicht verstellt und verloren hast
und dein Bild von Gott ist ohne Antlitz?

Alle Erkennt: der Herr allein ist Gott! Er hat uns geschaffen,
wir sind sein eigen, sein Volk und die Herde seiner Weide.

E 2 Volk Gottes,
erinnere dich an eine einfache frühe Erkenntnis:
es ist nur ein Gott, der wirklich Heiland ist: Gott in Jesus.
Es ist nur ein Geist, der wirklich heilig ist: Geist von Jesus.
Der hat unsre Gemeinschaft geschaffen, nicht wir selbst.
Er hat uns neu geboren, keiner hat sich selbst verwirklicht.
Du Israel ohne Gott, du Kirche mit vielen Herren,
du bist Gottes Volk, Herde des guten Hirten,
Leib Christi, Tempel des Geistes, Pflanzung des Herrn,
Lieblingsgedanke Gottes, Arche, Weinstock, Braut.

Alle Tretet durch seine Tore ein mit Dank,
in seine Vorhöfe mit Lobgesang!
Dankt ihm, preist seinen Namen!

E 3 Gott ist eine kristallne Burg mit geöffneten Toren.
Je tiefer ihr eindringt, desto lichter wird es.
Von außen ist er Finsternis, von innen Licht.
Betretet die Schwellen mit Dank!

An geöffnete Türen klopft man nicht an.
Mit Lobgesang öffnet ihr euch selbst,
erweitert ihr euer Bewußtsein, verändert ihr euer Sein.
Macht euch Gottes Allgegenwart bewußt,
indem ihr Gottes Namen nennt!
Das Leben preisend, tauchen wir ein ins Leben Gottes.

Alle Denn gütig ist der Herr, seine Huld währt ewig,
seine Treue von Geschlecht zu Geschlecht.

E 4 Unzerstörbar ist sein letztes Werk,
unverbrüchlich seine erste Treue.
Er vollendet alle seine Anfänge.
Er zerbricht unsre Werke, um sein Werk zu schaffen.
Er baut in Generationen. Er hat einen langen Atem.
Was er anhaucht, lebt.
Am Ende steht die neue Welt da.

Alle Jauchzet dem Herrn, alle Welt!
Dient dem Herrn mit Freude!
Kommt vor sein Antlitz mit Jubel!

Nach Psalm 100 (III)

Und vor lauter Freude noch einmal

Alle Jauchzet dem Herrn, alle Welt!

E 1 Könnt ihr nicht jauchzen, jubeln, ausgelassen sein,
euch begeistern?
Ihr Kinder könnt es,
ihr Besucher von Fußballstadien,
Konzertsälen und Festivals,
alle Welt jauchzt im Suff, im Drogentrip,
im politischen Massenrausch,
du kannst doch jauchzen im Frühling,
beim Baden im Meer,
bei der Weinlese, bei der Skiabfahrt.

E 2 Doch jauchzt nicht dem Leben, nicht der Natur,
nicht den politischen Führern, nicht den Künstlern!
Jauchzt dem Herrn, alle Welt,
seid fröhlich, ihr Menschen, über euren Gott,
begeistert euch neu für Jesus.

Alle Dienet dem Herrn mit Freuden,
kommt vor sein Angesicht mit Frohlocken –

E 1 nicht aus Pflicht, nicht dem oder dem zuliebe,
nicht in falscher Ehrfurcht,
nicht in bedrückender Feierlichkeit.

Alle Erkennt, daß Jahve Gott ist.
Er hat uns gemacht, und nicht wir selbst,
zu seinem Volk und zu Schafen seiner Weide.

E 2 Er hat uns gemacht
durch Vater und Mutter,
aus Fleisch und Blut und Geist und Seele.
Von ihm stammen wir ab!
Auch die Menschenaffen und die Affenmenschen
hat er gemacht.

Aber uns Menschen hat er höchstpersönlich
ganz anders gemacht.
Nicht die Natur hat uns gemacht,
nicht wir selbst haben uns gemacht,
nicht Vater und Mutter haben mich gemacht.
Er selbst hat uns gemacht, jeden einzeln.

E 1 Ist das nicht Grund zur Freude?
Ihr Traurigen, Bedrückten, Depressiven:
Nun freut euch mal, daß ihr Menschen seid,
Menschen Gottes,
Kinder seiner Liebe,
mit einer großen Vergangenheit: Gott.
Und mit seiner großen Zukunft: Gott.
Solltet ihr da nicht auch jetzt, in diesem Augenblick,
glücklich sein?

Alle Gehet zu seinen Toren ein mit Danken,
zu seinen Vorhöfen mit Loben.
Danket ihm, lobet seinen Namen!
Denn der Herr ist freundlich
und seine Gnade währet ewig
und seine Wahrheit für und für.

E 2 Jauchzet dem Herrn, alle Welt,
fangt ganz klein an,
versucht es mal in eurem Herzen;
das Menschenherz ist ja dazu geschaffen!
Tut es den Sternen gleich.
Unhörbar jauchzen sie ihm zu
schon seit Milliarden von Jahren.

Nach Psalm 102

Lieder eines fröhlichen Trümmerhaufens

I. Klage eines Einzelnen

Mein Leben nimmt ab
und ich habe noch gar nicht richtig gelebt.
Soll das schon alles gewesen sein?
Ich merke, wie meine Lebenskraft nachläßt
und ich habe noch nicht verwirklicht,
was du, Gott, in mir angelegt hast.
Ich schaue zurück.
Mein Leben besteht aus lauter Bruchstücken.
Wie eine Rauchfahne sind meine Tage verweht.
Mein Herz ist alt.
Mir schmeckt nichts mehr.
Ich komme mir vor wie ein fremder Vogel,
ein Kauz in den Ruinen.
Bald werden die Schatten mich auslöschen.
Was bist du für ein Gott,
der mich hochgehoben hat,
um mich zu Boden zu werfen?

II. Hoffnung einer Gemeinschaft

Wir ausgedienten Einzelkämpfer,
wir wandernden Stadtmusikanten
zwischen Bremen und Jerusalem,
wir haben uns zusammengetan,
wir geben noch nicht auf,
wir helfen uns in Gottes Namen.
Die Zeit ist da, Gott,
daß du dich über deine versprengten Leute erbarmst
und die Gemeinde wieder baust.
Es ist Zeit, daß du dich um uns kümmerst.
Wir wollen, daß gebaut wird.
Mit uns rechnet niemand mehr.
Aber du kannst auf uns zählen.

Wir bauen mit.
Du brauchst ein Haus, wir brauchen ein Haus.
Es ist ein Jammer,
daß die goldene Stadt so in Trümmern liegt.
Mach dich auf, Herr,
wir haben uns aufgemacht.
Wir haben Leben in uns entdeckt,
wir sind lebendige Steine,
die geben erst Sinn,
wenn du uns einbaust in deine neue Stadt.

III. Tröstung eines Propheten

Der Herr hat schon angefangen,
wieder Orte des Heiles aufzubauen.
Seht ihr nicht das Feuer am Horizont?
Gott wird hellwach beim Gebet der Verlassenen.
Was ihr nicht mehr erlebt,
wird die nächste Generation erleben.
Man wird weiterbauen auf euren Anfängen.
Dies sei aufgeschrieben und gesagt
für das jetzt noch ungeschaffene Volk,
für das jetzt noch ungesungene Lob.
Der höchste Herr sieht den am besten,
der am tiefsten ist.
Er hört das Seufzen der Gefangenen.
Er befreit die Kinder des Todes.

IV. Klage eines Einzelnen

Bis dorthin ist es noch weit.
Wird meine Kraft ausreichen?
Werde ich mit dabei sein?
Mein Gott, verkürze nicht meine Zeit.
Nimm mich nicht weg auf halbem Weg.
Du hast doch Lichtjahre in der Hand,
du Erdengründer, du Himmelslenker.
Der ganze Kosmos vergeht.
Jedes Atom wird zertrümmert.
Das Universum veraltet wie ein Gewand.

Du wechselst die Kleider
und bleibst, wie du bist.
Nimm mich zu dir an dein Herz,
dann bleibe ich ewig jung.
Nimm mich zu deinen Söhnen und Töchtern,
mit denen du dich umgeben hast.
Blühende Kinder sind es,
nicht mehr Kinder des Todes,
Geschwister eines Gekreuzigten,
der lebendig ist und lebendig macht.

Nach Psalm 103

Lob im Staub

Alle Lobe den Herrn, meine Seele!

E 1 Labe dich, meine Seele und lobe den Herrn!
Labe dich im Innersten an seinem heiligen Namen!
Labe dich, meine Seele, am Namen der Namen: Jesus.

E 2 Werde inne, wie er sich zu dir neigt.
Wie ein Papa seinem Jüngsten die Nase putzt,
wie eine Mama ihre Kinder badet,
so beugt er sich zu dir herab,
der große Gott der Welt.

E 3 Da kniet er im Staub
und wäscht mir die Schandflecken aus.
Er verbindet mir die Wunden.
Er streift mir die Fesseln ab.
Er bannt das Böse in mir.
Er ehrt mich mit seiner Liebe.
Er schenkt mir seine Freundschaft.
Er gibt mir Humor und Schönheit zurück.
Er läßt mir neue Flügel wachsen.

E 4 Er redet nicht über meine Sünden.
Er weiß nichts mehr von meinem Versagen.
Er ist nicht gekränkt oder beleidigt wie Menschen.
Er strahlt wie der blaue Himmel über der Erde.

E 5 Er weiß ja, daß ich eigentlich Staub bin und Gras und Luft –
ein Nichts.
Und so macht er aus mir eine Macht.
Er schöpft aus mir
einen Mann, eine Frau,
eine Königin, einen König,
ein Gotteskind,
einen Verbündeten, eine Mitarbeiterin,
einen irdischen Botschafter der himmlischen Welt,
einen starken Engel, eine Autorität seines Reiches.

E 6 Labt euch am Herrn,
ihr Wunderwerke aus Staub,
ihr zauberhaften Geschöpfe seiner liebenden Hand,
wo ihr auch lebt,
Leben ist Loben
angesichts des Nichts
im Gegenüber zu Gott.

Alle Lobe den Herrn, meine Seele!

Nach Psalm 108

Erhebung in Niedergeschlagenheit

E 1 Ich mache mich jetzt bereit.
Ich will ausruhen und beten.
Ich bin dazu geschaffen.
Mein Herz ist bereit. Gott,
ich bin im Spielraum bei dir,
im Konzert aller deiner Instrumente.

E 2 Wach auf meine Seele!
Bist du eingeschlafen?
Bist du müde und lustlos?
Wo ist die Harfe in mir?
Wer hat meine Saiten verstimmt?
Ich will mich umstimmen lassen.
Ich will das Morgenrot wecken.
Ich will der Zeitung zuvorkommen.
Ich will im Abendrot singen.
Ich will nach der Tagesschau beten.

E 3 Ich will dich über den Völkern preisen,
dir eine Internationale dichten.
Denn deine Güte reicht,
soweit der Himmel ist
und weiter als mein Horizont.
Deine Treue reicht,
soweit die Wolken ziehen
und weiter als die Satelliten.
Deine Leidenskraft herrscht,
soweit die Willkür regiert
und weiter als unser kurzer Atem.

Alle Deine Auferstehungsmacht erhebe sich
über die ganze Erde,
damit deine Freunde gerettet werden!

E 4 Hört, was Gott in seinem Innersten gesprochen hat:
„Ich freue mich gewaltig,

denn ich will das Land neu verteilen,
den Boden neu vermessen,
den Wohlstand umverteilen.
Mein ist der Norden,
mein ist der Süden,
das Meer ist mein Waschbecken,
auf den Osten setz ich meinen Fuß,
den Westen nehm ich in die Hand."

E 5 Hört, was Jesus gesagt hat:
„Glücklich die Sanftmütigen,
sie werden das Erdreich besitzen!"

Alle Deine Auferstehungsmacht erhebe sich
über die ganze Erde,
damit deine Freunde gerettet werden!

E 6 Werden wir das wirklich erleben?
Wie wird das Reich Gottes kommen?
Was können wir dazu beitragen?

E 7 Wenn du uns abgeschrieben hast
und nicht mit uns kämpfst,
Herr, dann ist alles aus.
Denn menschliche Hilfe ist nichtig.

E 8 Mit dir werden wir Taten tun, kleine Schritte machen
neue Zeichen setzen. Du wirst unsre Bedränger
zunichte machen.
Wir nicht.

Alle Deine Auferstehungsmacht erhebe sich
über die ganze Erde,
damit deine Freunde gerettet werden!

Nach Psalm 112

Lebenserfahrung des Aufrichtigen

Alle Im Finstern erstrahlt dem Aufrichtigen ein Licht:
der gnadenreiche, barmherzige und gerechte Gott.

E 1 Glücklich zu preisen ist der Mann,
der den Herrn ernst nimmt.
Glücklich zu preisen ist die Frau,
die sich herzlich freut an Gottes Geboten.

E 2 Ihre Nachkommen werden Einfluß haben im Land.
Das Geschlecht der Aufrichtigen wird gesegnet sein.

E 3 Glück und Wohlstand füllen ihr Haus.
Sie überleben die Krisen,
im Nachhinein bekommen sie recht. Denn:

Alle Im Finstern erstrahlt dem Aufrichtigen ein Licht:
der gnadenreiche, barmherzige und gerechte Gott.

E 4 Er ist der Zugewandte, der Liebevolle, der Aufrichtende,
der Schenkende, Leuchtende, Zuverlässige,
der Gott Israels, der Gott Jesu.

E 5 Wohl dem Menschen,
der großzügig und zum Helfen bereit ist,
der seine Sachen ordnet, wie es recht ist.

E 6 Er wird nie nervös und konfus sein,
er wird nie in ein sinnloses Leben abgleiten,
jeder Lebensabschnitt hat seine geheime Bedeutung.
Man wird es rückschauend erkennen können.

E 7 Im Glauben daran wird der Freund Gottes
jede Verleumdung aushalten können.
Sein Herz ist fest, er vertraut auf den Herrn.

E 8 Sein Herz ist getrost in der Verzweiflung,
er bewältigt die Lebensangst, er weiß:
die mich bedrängen, haben keine Zukunft,
ich werde sie überleben.

Und wenn ich scheitere wie Jesus,
werde ich aufstehen wie Jesus
und an seiner österlichen Ausstrahlung beteiligt sein.

E 9 Das kommt den Armen und Machtlosen zu gute.
Voll Ärger sieht es der Feind.
Zunichte werden die Pläne der Umweltzerstörer,
die Programme der Menschenverächter,
die Absichten der Zyniker.

Alle Im Finstern erstrahlt dem Aufrichtigen ein Licht:
der gnadenreiche, barmherzige und gerechte Gott.

NACH PSALM 113

Ehre sei Gott in der Höhe und Tiefe

E 1 Halleluja! Ihr Arbeiter, ihr Arbeiter des Herrn,
euer Herr hat einen guten Ruf,
den Ruf der Menschlichkeit.
Rühmt seinen guten Namen!

Alle Halleluja, Halleluja.

E 2 Vom Aufgang der Sonne
bis zu ihrem Niedergang
sei gelobt der Name des Herrn.
Von Ost bis West regiert der Herr über alle Völker.
Seine Macht umfaßt das ganze Weltall.

Alle Halleluja, Halleluja.

E 3 Wer gleicht dem Herrn, unserem Gott?
Welche Sternbilder, welche Spiralnebel?
Welche Götterbilder, welche Ideologien?
Welche Großkonzerne, welche Multis?
Welche kleinen Herrgötter?
Welche Technokraten und Bürokraten?
Wer gleicht ihm, der so ganz anders ist,
der die höchste Instanz ist
und ein Auge hat für die tiefste Tiefe,
dessen eigner Sohn bei den Armen geboren wurde
und unter den Verworfenen starb?

Alle Halleluja, Halleluja.

E 4 Der als einziger das große Ganze überblickt
und zugleich an den einzelnen Kleinen denkt.
Der den Geringen liebevoll aus dem Staub emporhebt
und den Armen aus dem Schmutz an sein Herz zieht.

Alle Halleluja, Halleluja.

E 5 Er gibt den kleinen Leuten
Sitz und Stimme bei den Regierenden,

bei den Besten seines Volkes.
In seinem Volk wird es keine Armen
und keine Ausbeuter geben,
keine Arbeitslosen, keine Landlosen,
keine Obdachlosen, keine Rechtlosen.

Alle Halleluja, Halleluja.

E 6 Auch die kinderlose Frau bekommt ein Haus
und eine Familie.
Sie wird eine neue Art von Mutter
und freut sich an ihren geistlichen Kindern.
Denn das Volk Gottes soll sich ausbreiten
über die neue Erde.

Alle Halleluja, Halleluja.

Nach Psalm 116

Osterlied im Angesicht des Todes

Alle Ich liebe den Herrn,
denn er ist ganz Ohr für mich.
Keiner hört mir so zu wie er.

E Ich war weit weg.
Ich war in Bedrängnis.
Ich war in den Bann des Nichts geraten.
Ich war wie gelähmt.
Der Tod hatte mir den Mut zum Leben genommen.
Da rief ich zum Herrn: Herr, rette mich!
Da merkte ich, wie nahe der Herr ist, wie hilfreich.
Ich spürte sein Erbarmen.

Alle Ich liebe den Herrn,
denn er ist ganz Ohr für mich.
Keiner hört mir so zu wie er.

E Seitdem weiß ich:
wenn ich schwach bin, ist er mir besonders nahe.
Im Moment spüre ich es nicht. Aber im Nachhinein.
Wo ein Herz ganz arm und einfach geworden ist,
da beschützt er es.
Komm wieder zur Ruhe, mein Herz,
denn der Herr tut dir Gutes.
Jesus, du hast mein Leben vom Nichts befreit,
mein Auge von den Tränen, meinen Fuß vom Gleiten.
Ich darf mich entfalten vor dem Herrn
im Lande der Lebendigen.

Alle Ich liebe den Herrn,
denn er ist ganz Ohr für mich.
Keiner hört mir so zu wie er.

E Ich bin voll Vertrauen, auch wenn ich weiß: ich bin belastet.
Bestürzt erfahre ich aufs Neue:
auf keinen Menschen ist wirklich Verlaß.

Wie soll ich dem Herrn für seine wohltuende Treue danken?
Ich will den Kelch des Heils hochheben
und den Wein seiner Liebe trinken,
mir zur Kraft und ihm zum Preise.
Ich habe den Wunsch, verbindlicher zu leben.
Ich kann es nur, wenn ich mich mit Freunden verbinde.
Aus meinen einsamen Vorsätzen wird nichts werden.
Du willst nicht, daß wir ein sinnloses Leben leben
und einen sinnlosen Tod sterben.
Du überlegst es dir lange, bis du den Tod kommen läßt,
und hast dir viel dabei gedacht.
Ich möchte dich jetzt mit meinem Leben
und einst mit meinem Tode preisen.
Ich möchte, daß andere etwas davon haben.
Mitten in Jerusalem.
Mitten im Leben.

Alle Ich liebe den Herrn,
denn er ist ganz Ohr für mich.
Keiner hört mir so zu wie er.

Nach Psalm 119

Das geistliche ABC der Lebensschule Gottes

I.

Alle Du bist das A und O, der Anfang und die Vollendung,
der du bist, der du warst, der du kommst, allmächtiger Gott.
(Offb. 1,8)

A Alles Gute denen, die den Weg der Weisungen Gottes gehen.
Anfang allen Glückes ist es,
auf die innere Stimme des Geistes zu horchen.
Ach könnte ich doch den Auftrag meines Wesens besser wahrnehmen!
Anfänger bin ich in Jesu Schule, dankbar,
aus Fehlern erfahren zu werden.

B Beweise für die Wahrheit Gottes brauche ich nicht.
Bewahrungen im Experiment des Lebens begehre ich.
Bewegt sich mein Bewußtsein in deinen Befehlen,
berge ich auch deine Schätze in meinem Unbewußten.

C Choräle der Sehnsucht nach Erleuchtung klingen in mir.
Christus vor Augen sehe ich, was Erfüllung ist.
Charakter und guter Wille bewahren mich nicht vor dem Chaos.
Charisma und Gnade tragen mich durch die Versuchung.

D Darnieder liegt meine Seele.
Durstig bin ich nach einem Wort von dir.
Droht mir meine alte Lebenslüge,
dann laß dein Licht in meine Verwirrnis dringen.

Alle Du bist das A und O, der Anfang und die Vollendung,
der du bist, der du warst, der du kommst, allmächtiger Gott.

E Einsicht begehre ich, damit ich mich nicht betrüge.
Echtheit wachse mir immer mehr zu.
Eitelkeit falle immer mehr von mir ab.
Entschiedenheit des Herzens schafft mir dein Ruf.

F Fröhlich geh ich meinen schwierigen Weg.
Freudig stell ich mich der Verantwortung.
Freimütig bezeuge ich deine neuen Lebensordnung.
Frevlern will ich mich in den Weg stellen.

G Gedenke Herr, an deine Zusagen für mich.
Großer Trost wäre mir das in meinem Elend.
Gespött der Gottlosen würde mich sonst verstören.
Gedanken der Nacht mich von dir entfremden.

H Herr, in der Mitte der Nacht beginnen die
Hymnen meines Herzens.
Hoffnung kommt heilend in mich zurück.
Herzliche Liebe zu deinen Verheißungen holt mich ein,
heißer Haß über alle, die den Holokaust kalkulieren.

Alle Du bist das A und O, der Anfang und die Vollendung,
der du bist, der du warst, der du kommst, allmächtiger Gott.

II.

Alle Die göttliche Traurigkeit bewirkt eine seligmachende Reue,
die Traurigkeit aber der Welt bewirkt den Tod.
(2. Kor. 7,10)

IJ Im Irrtum war ich, ehe mein Ich gedemütigt wurde.
Jetzt hast du, Jesus, mich sanft gemacht.
Jämmerlich ist die Lüge des Stolzes.
In meinem Innern glänzt dein Kreuz wie Gold und Silber.

K Knecht bin ich oder Magd, so scheint es.
Kreuz und Gesetz prägen mein Äußeres.
Kommt aber dein Geist, so werde ich Sohn und Tochter.
Könige, Priester und Propheten machst du aus deinen
Kindern.

L Lügen und Laster regieren die Welt.
Leidenschaftlich sehne ich mich nach deinem Heil.
Lust liegt für mich nur noch in deinem Gesetz.
Lange schon warte ich auf dich, meinen
Liebhaber und Befreier.

M Merke ich mir deine Mahnungen, so erneuert sich langsam mein Leben.
Momente dauern die Meinungen der Gottlosen.
Mütterlich und tröstlich sind
mir die Ordnungen deiner Schöpfung.
Mein Meister Jesus, mein Gott und Herr, du bist mein Halt.

Alle Die göttliche Traurigkeit bewirkt eine seligmachende Reue,
die Traurigkeit aber der Welt bewirkt den Tod.

N Narren sind sie, die deine Gesetze nicht kennen.
Niemand wird glücklich, der ohne dich lebt.
Nur von dir inspiriert, bin ich klüger als meine Lehrer.
Namen von Geistesgrößen vergesse ich wieder, dein Name bleibt mir groß.

O Ohne dein Wort hätte ich kein inneres Licht.
Orientiere ich mich an deinem Leidensweg,
O Jesus, dann bleibe ich ohne Verwirrung.
Opfere ich mein Leben wie du, so erquicke mein Herz.

P Perioden des Wankelmuts liegen hinter mir.
Pausenlos bin ich in Versuchung geraten.
Panische Angst hatte ich vor deinem Gericht.
Persönlichen Schutz aber genieße ich jetzt in deiner Liebe.

Q Quält mich mein Gewissen, so tritt für mich ein!
Quelle allen Trostes ist mir, daß du mich rechtfertigst.
Qualifiziere ich mich selbst, so werde ich zuschanden.
Quer zu dem, was die andern tun, geh ich deinen Weg.

Alle Die göttliche Traurigkeit bewirkt eine seligmachende Reue,
die Traurigkeit aber der Welt bewirkt den Tod.

III.

Alle Voll Unruhe hast du uns geschaffen und unruhig ist unser Herz, bis es Ruhe findet, Gott, in dir. (Augustinus)

R Reue, Schmerz und Sehnsucht packen mich in der Entfremdung von dir.
Rechtsbruch und Unterdrückung machen mich weinen vor Zorn.
Reiche mir das Wasser des Heils, meinen Durst zu stillen.
Ruhe und Friede leuchten mir her von deinem Angesicht!

S Schuld und Angst und Not sind über mich gekommen.
Schutz und Schonung aber bringt mir das lautere Wort
deiner Liebe.
Siehe, ich bin gering und verachtet,
solange nicht deine Schönheit mein
Selbstwertgefühl umfaßt.

T Tora und Talmud trösten mein friedloses Herz noch nicht.
Tiefe Stille entsteht erst, wenn du mir nahst im Evangelium.
Trenne mich, Herr, von den
teuflischen Zwängen, die mich verfolgen.
Tröste mich mit der geistlichen Trauer der Liebe.

Alle Voll Unruhe hast du uns geschaffen
und unruhig ist unser Herz, bis es Ruhe findet, Gott, in dir.

U Unentwegt bewegt sich mein Herz zu dir hin,
Ursprung und Urquell all meines Heiles.

V Verführung soll mich nicht von dir locken,
Verfolgung soll mich nicht einschüchtern.

W Wenn die Verächter dein Wort nicht beachten, tut es mir weh.
Widerstand und Ergebung lerne ich aus deinem Wort.
Wie einer, der Beute macht, freu ich mich über dein Wort.
Welch großer Friede kommt über die Liebhaber deiner
Weisungen!

Z Zuerst und zuletzt soll meine Zunge dich preisen.
Zwar zittert und zagt mein Herz wie ein verirrtes Schaf.
Zur rechten Zeit aber kommt mein Klagen vor dich.
Zielwärts darf meine Seele leben, lieben und loben.

Alle Voll Unruhe hast du uns geschaffen
und unruhig ist unser Herz, bis es Ruhe findet, Gott, in dir.

Nach Psalm 121

Eine Seelsorge

Einer Ich hebe meine Augen auf zu den Bergen:
Woher kommt mir Hilfe?
Ich blicke umher im Kreise der Menschen:
Wer kann mir helfen?
Ich blicke hinein in mein eigenes Herz:
Wie kann ich selbst mir helfen?
Meine Hilfe erwarte ich von ihm,
der Himmel und Erde und auch mich erschaffen hat!

Anderen Du sollst wissen:

E 1 Der Herr läßt nicht zu, daß du zu Fall kommst.
Es wird ihm nie langweilig, auf dich zu achten.

E 2 Schau, er, der sein Volk Israel schützt,
wird nicht müde und schläft nicht ein.

E 3 Du sollst wissen:
Der Herr ist bei dir,
hält die Hand über dich,

E 4 damit dich die Hitze und Hetze des Tages nicht plagt
und die Kälte der einsamen Nacht dich nicht ängstet.

E 5 Ich bete für dich:
der Herr wende Unheil von dir ab
und bewahre dein Leben.

E 6 Und was du auch tust: vom Anfang bis Ende
sei er bei dir, heute und jeden neuen Tag!

Der Eine Ich hebe meine Augen auf in die Höhe:
Woher kommt mir Hilfe?
Meine Hilfe kommt von euch durch Jesus Christus,
der Himmel und Erde und auch mich erlöst hat!

Nach Psalm 122

Ein Lied von der neuen Kirche

Alle Unsre Füße stehen in deinen Toren, Jerusalem!

E 1 Ich habe mich gefreut, als man zu mir sagte:
Komm mit, wir gehen zum Haus des Herrn,
bilde mit uns die Gemeinde des Herrn!

E 2 Nun sind wir da, wir stehen auf der Schwelle,
in deinen Toren, Jerusalem!
Ein langer Weg liegt hinter uns.
Jetzt sind wir am Anfang der Zukunft.

E 3 Jerusalem, du baust dich auf aus lebendigen Steinen,
in dir wächst Geborgenheit und Offenheit.

E 4 Zu dir zieht es viele Völker hin.
Es zieht uns in dich hinein.
Bei dir ist der Name Gottes in Kraft.
Von dir geht Recht und Friede aus.

E 5 Unsre tiefsten Wünsche erwachen und erfüllen sich in dir.
Wir träumen von einer neuen Welt.
Es wächst in uns eine neue Liebe zur Kirche.

Alle Unsre Füße stehen in deinen Toren, Jerusalem!

E 6 In unsren Häusern schwindet das Sorgen,
weil das Sehnen nach dem Reich Gottes wächst.
Aus dem Rückzug ins Private
wird der Aufbruch ins Persönliche.

E 7 Wir erkennen uns immer mehr als Brüder und Schwestern,
Wir werden zu Freunden, die sich lieben,
die sich umarmen, geistig und leiblich.
Wir kommen zusammen zum Kommunizieren.
Wir leben schon im Haus unsres Gottes.

E 8 Ich freue mich, wenn es dir gut geht, Jerusalem!
Ich bringe alle meine Hoffnungen
und Erfahrungen in dich ein,
Ich bringe euch meine Wunden und meine Gaben.

E 9 Ich trauere, wenn deine Steine wanken,
wenn dein Gold verblaßt.
Ich teile meine Mängel mit dir –
und siehe, du erstrahlst neu!

Alle Unsre Füße stehen in deinen Toren, Jerusalem!

Nach Psalm 124

Zum Erlernen des Gotteslobes

Alle Unsre Hilfe steht im Namen des Herrn,
der Himmel und Erde gemacht hat.

I.

E Wenn der Herr nicht bei uns wär,
– so soll man in Israel sagen;

Alle Wenn der Herr nicht bei uns wär,

E so würden uns Menschen beherrschen.

Alle So würden uns Menschen beherrschen.

E Wenn der Herr nicht bei uns wär,
– so soll die Kirche verkünden,
dann würden Menschen alles vernichten.

Alle Wenn der Herr nicht bei uns wär,
dann würden die Menschen sich selbst vernichten.

E Dann gingen die Wasser uns bis an den Hals;

Alle das Leben ertränke im Chaos.

E Wenn der Herr nicht bei uns wär,
– so soll die Gemeinde sagen;

Alle Wenn der Herr nicht bei uns wär,

E so wär die Gemeinde schon längst zergangen.

Alle Wir wären im Strom des Lebens vergangen.

II.

Gruppe I Gepriesen sei Gott,
der uns nicht preisgibt
den Leidenschaften der Menschen.

ruppe II Gepriesen sei Gott,
der uns nicht preisgibt
unsren eignen Gelüsten.

Gruppe I Gepriesen sei Gott,
der eine Arche uns baut
zum gnädigen Überleben.

ruppe II Unsre Seele ist entronnen
wie ein Vogel dem Netz des Voglers;

Gruppe I das Netz ist zerrissen
und wir sind frei.

Alle Unsre Hilfe steht im Namen des Herrn,
der Himmel und Erde gemacht hat.

Nach Psalm 125

Vertrauenslied für Friedensfreunde

Alle Schalom, Schalom, Schalom al Jisrael!
Friede, Friede, Friede über Gottes Volk!

AT Die dem Herrn vertrauen
sind wie der Zionsberg
der niemals weicht und wankt.

NT Die Jesus nachfolgen
sind wie Christus
dessen Auferstehung unzerstörbar ist.

AT Wie Jerusalem von Bergen umgeben ist,
so umhegt der Herr sein Volk.

NT Wie die Haßberge oder die Alpen unsern Horizont schützen,
so spüren wir täglich die Nähe Gottes.

AT Die Herrschaft der Gottlosen
wird nicht lange mehr lasten
auf dem Land der Freunde Gottes.

NT Willkür, Dummheit und Rüstung
sollen nicht länger die Erde zerstören.

AT Sonst würden auch noch Gerechte zum Unrecht verführt.

NT Und Friedensstifter würden die Hand ausstrecken
zur Gewalt.

AT Herr, tue Gutes den Guten

NT und gib Einfluß denen,
die dein Evangelium zu leben beginnen.

AT Doch die auf krumme Wege gehen
laß hinfahren in ihren eignen Willen.

NT Die deine Bergpredigt, Jesus, verwerfen
laß in ihre Sackgassen rennen.

Alle Schalom, Schalom, Schalom al Jisrael!
Friede, Friede, Friede über Gottes Volk!

Nach Psalm 127

Die Rechnung mit dem Wirt

Alle Trachtet zuerst nach dem Reich Gottes
und nach seiner Gerechtigkeit,
so wird euch alles andre von selbst zufallen.

Wenn der Herr nicht das Haus baut,
arbeiten die Eheleute umsonst.
Wenn der Herr nicht das Land verteidigt,
ist die Rüstung umsonst.
Wenn der Herr nicht die Regierung lenkt,
regiert die Regierung umsonst.
Wenn der Herr nicht auf der Seite der Opposition steht,
ist der Widerspruch umsonst,
Wenn der Herr nicht die Kirche leitet,
ist die Kirchenleitung umsonst,
Wenn der Herr nicht den Wind des Geistes gibt,
setzt man dem Schiff der Kirche die Segel umsonst.
Wenn der Herr nicht das Tagespensum erfüllt,
erfüllen wir das Tagespensum umsonst.
Wenn der Herr nicht den Terminkalender bestimmt,
bestimmt uns der Terminkalender umsonst.

Alle Trachtet zuerst nach dem Reich Gottes
und nach seiner Gerechtigkeit,
so wird euch alles andre von selbst zufallen.

Wenn der Herr nicht die Liebe schenkt,
ist alle Liebesmüh umsonst.
Wenn der Herr nicht die Kinder erzieht,
ist die Kindererziehung umsonst.
Es ist umsonst, daß wir früh aufstehen
und spät ins Bett gehen,
denn für seine Freunde arbeitet Gott, während sie schlafen.
Es ist umsonst,
daß wir uns aus der Pflichterfüllung rechtfertigen,
denn jeder Mensch bekommt seine Gnade umsonst.

Während wir schlafen, wächst die Saat von selbst.
Während wir träumen, heilt Gott unsre Tiefe.
Wenn wir aufstehen, hat der Herr schon für uns gearbeitet.

Alle Trachtet zuerst nach dem Reich Gottes
und nach seiner Gerechtigkeit,
so wird euch alles andre von selbst zufallen.

Besondre Geschenke sind die Kinder,
von ihnen lernen wir kindlich zu leben.
Unsre Jugend ist treffsicher wie Pfeile im Köcher,
von ihnen lernen wir neue Ziele und Lebensstile.
Es ist umsonst, sie nach unsren alten Idealen zu prägen
denn der Herr läßt sie neue Wege gehn.
Es ist umsonst, alles selber steuern zu wollen,
denn der Herr läßt es den Gelassenen gelingen.

Alle Trachtet zuerst nach dem Reich Gottes
und nach seiner Gerechtigkeit,
so wird euch alles andre von selbst zufallen.

NACH PSALM 131

Einwilligung

Herr, mein Herz,
das trotzige und verzagte Ding,
fährt nicht mehr hoch,
fällt nicht mehr nieder,
es ruht in dir
und so ruht es in sich.

Ich habe aufgehört,
mich mit andern zu vergleichen,
mich ab- oder aufzuwerten.
Ich habe aufgehört,
immer gleich nach dir zu schreien.
Ich kann dich loslassen,
denn ich bin jetzt deiner Liebe gewiß.

Mein Herz ist still geworden
wie ein abgestilltes Kind.
Gott, Mutter meines Herzens,
du hast mir geholfen,
selbständig und vernünftig zu werden.
Ich bin ein eigner Mensch geworden
und kann dir vertrauen.

Welch ein Friede
ist in Israel,
jetzt und immer!

Nach Psalm 133

Stammlied der Basisgemeinschaften

Alle Diesen Auftrag haben wir von ihm:
Wer Gott liebt, soll auch lieben Schwester und Bruder.
(1. Joh. 4,21)

Schau, wie gut und schön ist es,
wenn Geschwister das Erbland gemeinsam bewohnen,
wenn Nachbarn sich gut verstehen,
wenn das Wunder einer Lebensgemeinschaft gelingt.

Das duftet wie das kostbare Salböl auf Aarons Haupt,
das ihm herabfließt bis in Bart und Halstuch.
Das erfrischt wie der kühle Tau,
der herabfällt vom Schneegipfel des Hermon
auf Zions dürres Bergland.

Von oben kommt er, der Geist der Bruderliebe;
er steigt nicht auf aus unserm Fleisch und Blut.
Wir scheitern aneinander,
bis sich die Salbung des Geistes an uns ereignet.

Überall in Dorf und Stadt
fehlt es an Häusern des Friedens.
Wie gut und schön sind die Oasen der Versöhnung
in den wachsenden Wüsten der Einsamkeit.
Wie gut und schön ist es,
wenn die Wohnzellen des Reiches Gottes wachsen
inmitten einer zerstrittenen Welt.

An diesen Orten entfaltet sich der Segen des Herrn
hin und her in den Häusern.
Bruderschaft fließt vom Priestertum Jesu
als Anfang des ewigen Lebens.
Die Wunden der Kindheit heilen
in der Familie des Geistes Jesu.

Alle Diesen Auftrag haben wir von ihm:
Wer Gott liebt, soll auch lieben Schwester und Bruder.

Nach Psalm 135

Staunen über Erwählung und Verwerfung

E 1 Staunt über den Namen des Herrn,
staunt, ihr Mitarbeiter des Herrn,
die ihr wohnt am Hause des Herrn,
im Umkreis des Gotteshauses!
Staunt über den Herrn, denn der Herr ist freundlich,
lobsingt seinem Namen, denn er ist liebreich.
Jesus hat sich ein Mädchen erwählt mit Namen Ekklesia,
das heißt „die Gemeinde".
Er hat sich ihr zu Eigen gegeben.

E 2 Ja, das weiß ich: Groß ist der Herr,
unser Herr ist größer als alle Ideen.
Alles, was er will, das vollbringt er,
im Himmel und auf Erden, in allen Meeren, in allen Tiefen.
Wolken läßt er aufsteigen vom Ende der Erde,
er läßt es blitzen und regnen,
aus seinen Kammern holt er den Wind des heiligen Geistes
hervor.
Nationen läßt er untergehen,
seine Gemeinde macht er international.

E 3 Er schlug die Elite in Ägypten
und ließ Zeichen und Wunder kommen über den Pharao
und seinen Hofstaat.
Großen Völkern und mächtigen Königen nahm er ihr Land
und vermachte es einem kleinen Volk von Sklaven,
zum Erbe für sein wanderndes Volk,
für Israel, das Volk ohne Heimat.
Selig die Sanftmütigen,
denn sie werden das Land besitzen.

E 4 Herr, dein Name hat feste Währung,
das Gedenken an dich
geht von einer Generation zur anderen.
Herr, du schaffst Recht für dein Volk.
du machst die Machtlosen zu deinen Mitarbeitern.

E 5 Die Götzen der Welt sind das Silber und das Geld,
gemacht von Menschenhand.
Die Götzen machen Krach und reden nicht,
sie glotzen uns an und sehen uns nicht,
sie haben Antennen und hören nicht,
sie können rechnen und fühlen nichts,
ihre Mattscheibe flimmert und langweilt uns.
Es ist kein Hauch von Leben in ihnen.
Wir brauchen sie nicht mehr.
Weil wir vom Herrn erwählt sind, werfen wir sie weg.
Die Macher sollen ihrem Machwerk gleichen
und mit ihnen alle, die auf die Machwerke vertrauen.

E 1 Haus Israel, lobe den Herrn!
Ekklesia, lobe den Herrn!

E 2 Das Rathaus lobe den Herrn!
Das Gemeindehaus lobe den Herrn!

E 3 Das Krankenhaus lobe den Herrn!
Das Pfarrhaus lobe den Herrn!

E 4 Das Haus XY lobe den Herrn!
Alle Getauften, preist den Herrn!

E 5 Gepriesen sei der Herr in unserem Lande,
er, der regiert in einem neuen Jerusalem!

Nach Psalm 139 (I)

Ein Psalm voller Vertrauen

Herr, ich gebe mir viel Mühe, dir meine Gedanken, Gefühle, Wünsche und Sehnsucht verständlich zu machen. Wie oft wirst du schon darüber gelächelt haben, wenn ich es immer wieder aus einer anderen Perspektive versuche, damit du mich ja richtig verstehst.

Du hast mich schon längst durchschaut, ehe ich meinen Mund richtig auftue. Du kennst meine Gedanken von ferne, und du verstehst mich, lange bevor ich mich verstehe.

Du hast ja mein Innerstes gebildet. Du kennst meine Seele gut. Dir ist mein Charakter mit all meinen Anlagen, mein ganzes Wesen gut bekannt, weil du alles nach deinem Plan gestaltet hast.

Du siehst mein ganzes Leben bis zur Vollendung vor dir. Du siehst mich in Vollkommenheit, als dein Ebenbild. Du siehst mich wunderbar.

Herr, oft leide ich an deiner Abwesenheit, an deiner Verborgenheit. Wie töricht von mir. Bist du doch in allem anwesend. Es gibt keinen Ort, an dem ich ohne dich sein kann, an dem du nicht schon längst bist.

Ich suche dich an allen möglichen Orten, bis ich plötzlich erkenne, daß du in meiner Seele gegenwärtig bist durch deinen heiligen Geist, bis ich staunend wahrnehme, daß ich in deiner Hand bin, die mich von allen Seiten umschließt und mich geborgen sein läßt.

Du bist gegenwärtig in meinen Brüdern und Schwestern. Du bist verborgen in jedem Menschen, wie entstellt er auch durch die Sünde sein mag.

Du bist in der Vielfalt der Natur, im Licht der Sterne,
im Sturm, im Blitz und Donner, im ganzen Kosmos.

Du bist mitten in der Finsternis, in Schmerz und Tod,
in Glück und Freude.

Herr, laß das noch viele Menschen entdecken.

Nach Psalm 139 (II)

Ein Psalm voller Fragen

(Während einige den Psalm sprechen, setzen andere leise mit dem Vers ein: „Wenn ein Schaf verloren ist, suchet es ein treuer Hirte. Jesus, der uns nie vergißt, suchet treulich das Verirrte, daß es nicht verderben kann. Jesus nimmt die Sünder an"/EKG 268,3. Der Vers wird mehrmals wiederholt oder auch nur gesummt.)

Herr, du erforschest mich und kennest mich.
Ich kann mich selbst nicht erkennen.
Du verstehst meine Gedanken von ferne.
Ich weiß nicht, was mich insgeheim steuert.

Du siehst alle meine Wege.
Ich verstehe nicht, warum ich solche Umwege gelaufen bin.
Es ist kein Wort auf meiner Zunge,
das du nicht schon wüßtest.
Ich weiß nicht, nach welchem geheimen Programm
meine Worte entstehn.

Von allen Seiten umgibst du mich.
Ich weiß nicht, ob mich das schützt oder einengt.
Du hältst deine Hand über mir,
ob mich das freut oder bedroht.

Wie kann ich mich vor dir retten?
Vor der Bestimmung, dein Angesicht zu spüren?

Würde ich den Mond betreten, so bist du schon da.
Würde ich aussteigen aus allem oder auswandern –
ich schleppe mich selbst überall mit.
Würde ich mein Gedächtnis verlieren –
du würdest dich doch bemerkbar machen.
Würde ich Rauschgift nehmen, würde ich mich töten –
ich erwache vor dir.

Ich kann tun, was ich will – du hinderst mich nicht.
Ich kann hierhin oder dorthin gehen – du gehst mit.
Ich kann meine Ziele verlieren, meinen Auftrag abschütteln,
meine Bestimmung vergessen – du findest mich.

Du gehst alle meine Irrwege mit.
Du schickst mich in die Entfremdung
und machst mich voll für mich selbst verantwortlich
und übernimmst doch alle Verantwortung.
Das ist mir zu hoch. Ich verstehe es nicht.

Ich kenne mich nicht mehr aus.
Meine Freiheit ist zu groß.
Ich habe die Orientierung verloren.
Ich erfahre dich immer nur im Nachhinein.
Ich habe nach Zeichen gefragt
und wurde nur auf mich selber verwiesen.
Ich habe dein Reich gesucht
und nichts gefunden außer mir und dir.

Ich habe den Boden unter den Füßen verloren
und bin noch nicht eingewurzelt in dein Reich.
Ich bin ein Wanderer zwischen den Welten,
ein Genosse des ewigen Juden, stets auf der Flucht.
Prüfe mein Herz und verrate mir, was mit mir los ist.
Bin ich auf bösem Wege?
Leite mich zu dem Punkt, wo alle Dinge sich klären,
wo ich in dir und du in mir sich umfangen.

Nach Psalm 145

Ein Preislied auf Gott

Alle All eure Sorge werft auf ihn, denn er sorgt für euch.

I Ich will dich erheben, mein Gott und mein Alles
ich will deinen Namen groß machen für alle Zeiten.

II Jeden Tag will ich dich preisen
und deinen Namen bekanntmachen für alle Zeiten.

I Groß ist Jesus der Herr und sehr zu bewundern;
unausforschlich ist seine Macht.

II Eine Generation kündet der andern deine Spuren;
deine Geschichte müssen sie erzählen.

I Deine Hohheit und Schönheit muß man besingen,
deine Zeichen und Wunder muß man betrachten.

II Von deiner richterlichen Gewalt muß man sprechen,
deine Leidensherrlichkeit muß man bezeugen.

I Deine große Menschenliebe muß man feiern,
über deine Gerechtigkeit muß man froh werden.

II Voll Güte und Erbarmen ist der Herr,
langmütig und von grenzenloser Liebe.

I Der Herr ist gut zu jedem.
Die Not aller seiner Geschöpfe geht ihm durchs Herz.

II Herr, alle deine Kinder müssen dir danken,
deine Heiligen müssen sich dir darbringen.

I Alles wird einmal sprechen von der Ehre deines Reiches,
wird reden von deiner Auferstehungsmacht,

II damit den Menschenkindern deine Kraft klar wird
und die Schönheit deines Kreuzes.

I Dein Reich ist das endgültige Reich,
deine Herrschaft setzt sich am Ende durch.

II Treu ist der Herr, absolut treu in allem was er sagt
und gut meint er es in allem, was er tut.

I Der Herr stützt alle, die fallen,
alle Niedergeschlagenen richtet er auf.

II Alle Augen blicken sehnsüchtig auf dich,
du gibst Speise zur rechten Zeit.

I Du tust deine Hand auf
und befiehlst uns, alles, was lebt, zu sättigen.

II Der Herr ist gerecht in all seinen Entscheiden
und voll der Gnaden in all seinen Wegen.

I Der Herr ist nahe allen, die ihn anrufen,
allen, die ihn aufrichtig anrufen.

II Er stillt das Verlangen derer, die Gott suchen.
Er hört ihr stummes Schreien und rettet sie.

I Der Herr behütet alle, die ihn lieben,
aber die Verderber wird er verderben.

II Hab ich mir den Mund zu voll genommen?
Einst wird die ganze Menschheit so reden!

I Ehre sei dem Vater und dem Sohn –
und dem Heiligen Geist.

II Wie es war im Anfang, so auch jetzt und alle Zeit –
und in Ewigkeit. Amen.

Alle Alle eure Sorge werft auf ihn, denn er sorgt für euch.

Nach Psalm 147

Das Gotteslob im Umbruch der Zeit

Alle Wir preisen dich, Vater, Herr des Himmels und der Erde,
weil du dich den Weisen und Klugen verborgen hast
und hast dich den Unmündigen offenbart! (Matth. 11,25)

Gruppe I Es ist gut, Zeit zu haben für unsern Gott.
Es macht Freude, sein Wirken zu feiern.

Gruppe II Was er tut – die Trübsalbläser sehen es nicht.
Was im Verborgenen geschieht – wir besingen es laut.

I Der Herr baut Jerusalem neu.
Er sammelt die Kinder Gottes aus der Zerstreuung.

II Er heilt die zerbrochenen Herzen
und verbindet die inneren Wunden.

I Er bestimmt die Zahl der Sterne
und ruft sie einzeln mit Namen.

II Unser Herr ist groß und stark an Leidenskraft.
Unbegreiflich ist, wie er regiert.

I Der Herr richtet die Gebeugten auf
und stößt die Gottlosen zu Boden.

II Bringt dem Herrn ein Danklied,
preist unsern Gott mit allen Mitteln.

I Er bedeckt den Himmel mit Wolken und begießt seine Erde.
Er läßt die dürren Zeiten ergrünen.

II Er füttert persönlich das brüllende Vieh,
er stopft den Schnabel des jungen Raben.

I Keine Freude hat er an Pferdestärken,
kein Gefallen am Tempo der Männer.

II Gefallen hat der Herr an denen, die auf ihn achten,
die mit seiner Güte rechnen.

I Jerusalem, preise Jahve den Herrn,
Kirche, preise den Gott Jesu Christi.

II Denn er festigt die Riegel deiner Tore
und segnet die Kinder in deiner Mitte.

I Er sichert deinen Grenzen den Frieden
und sättigt dich mit dem besten Weizen.

II Er sendet sein Wort zur Erde,
die Frohe Botschaft eilt rasch dahin.

I Er spendet Schnee wie Wolle,
er streut Reif wie Zucker.

II Lustvoll schleudert er den Hagel,
nichts widersteht seinem Frost.

I Er schickt ein neues Wort – und alles schmilzt.
Er läßt seinen Geist wehen – da taut es.

II Sein Wort bringt den Frühling der Kirche.
Er beendet Israels Winter.

I Das hat er keinem Volk sonst getan.
So kennt kein andres Volk seine Erweise.

Alle Wir preisen dich, Vater, Herr Himmels und der Erde,
weil du dich den Weisen und Klugen verborgen hast
und hast dich den Unmündigen offenbart.

Nach Psalm 150

Das große Halleluja

(Singt das dreifache Halleluja nach dem Osterlied EKG 79 oder nach Herzenslust.)

Lobt Gott drüben in seinem Heiligtum,
singt ihm zu am heillosen Abgrund der Welt!

Alle Halleluja, Halleluja, Halleluja.

Lobt ihn, solange Atem in euch ist,
denn es werden unglaubliche Wunder geschehen!

Alle Halleluja, Halleluja, Halleluja.

Wenn die Berge schmelzen,
lobt ihn in der Feste seiner Macht!

Alle Halleluja, Halleluja, Halleluja.

Wenn wir verstrahlt sind,
lobt seine heilende Herrlichkeit!

Alle Halleluja, Halleluja, Halleluja.

Wenn wir krebszerfressen sind,
lobt ihn, indem ihr euch liebt und umarmt!

Alle Halleluja, Halleluja, Halleluja.

Wenn wir gefoltert werden,
lobt ihn mit dem Schrei eurer Vergebung!

Alle Halleluja, Halleluja, Halleluja.

Das sind Posaunen, das sind Orgeln,
das sind Gitarren und Trommeln!

Alle Halleluja, Halleluja, Halleluja.

Lobt ihn mit der Matthäuspassion,
lobt ihn mit der Johannespassion,
lobt ihn, der gejubelt hat: es ist vollbracht!

Alle Halleluja, Halleluja, Halleluja.

Ehre sei dem Vater und dem Sohn
und dem Heiligen Geist.

Alle Halleluja, Halleluja, Halleluja.

Wie es war im Anfang, so auch jetzt und allezeit
und in Ewigkeit. Amen.

Alle Halleluja, Halleluja, Halleluja.

Martin Bogdahn (Hg.)

Konzil des Friedens

Aufruf und Echo

Mit einer ausführlichen Begründung von
Carl Friedrich von Weizsäcker

120 Seiten, Pbck., Format 12 × 19,7 cm, DM 12,80,
ISBN 3-532-62039-1

Der Physiker und Friedensforscher Professor Carl Friedrich von Weizsäcker hat auf dem Düsseldorfer Kirchentag 1985 einen Aufruf formuliert, der sich besonders an die kirchliche Öffentlichkeit richtet. Zahlreiche kirchliche Gruppen, Gremien, Synoden und viele Einzelpersonen „von oben und unten" haben inzwischen dazu Stellung genommen.
Das Buch dokumentiert diese erste Diskussionsphase und will die Konzilsidee an möglichst viele Menschen herantragen.

Anders fromm sein

Ökumenische Erfahrungen des Glaubens

Herausgegeben im Auftrag des Ökumenischen Jugendrates in Bayern von F. Gasteiger, H. Herrmanns, H. Jehle, H. Schüller, I. Ueberschär.

136 Seiten mit s/w-Abbildungen, Pbck., Format 14 × 22 cm,
DM 19,80, ISBN 3-532-62033-2

In diesem Buch machen Autoren der verschiedenen Kirchen Angebote für junge Menschen, ihr Leben auf dem Boden der christlichen Botschaft zu gestalten. Das ökumenische Lese- und Gebrauchsbuch will Einsichten in das „andere Frommsein" vermitteln; es bietet Texte für Andachten und Gottesdienste sowie Impulse für die Jugendarbeit.

CLAUDIUS VERLAG MÜNCHEN